声なき声で語る

ボクが過ごした日々、その世界と自閉症

ティト・ラジャルシ・ムコパディアイ

石田遊子　訳

エスコアール

ティトの母、ソマからのメッセージ

ティトを育てる私の旅は、まるで冒険物語のようでした。それは、ある時は険しい道を進み、またある時は坂道を滑り降り、そして「私はちゃんと〝母親〟をやれているだろうか？」という厳しい問いと向き合い、決断をしていかなければならない孤独な旅です。自閉症の赤ちゃんに、自閉症の五歳の子どもに、自閉症の十代の少年にどうやって母親として接するかを教えてくれる学校は未だにないのですから。

私の周りの人々は、私が上手くやれていなかったことを何でも教えてくれました。同時に私はそれを無視することも学ばなければなりませんでした。

けれども、彼自身にも説明できず、私も理解してやれなかったティトの叫び声を無視することは、私には出来ませんでした。私がその自己刺激をかき回す方法を見つけ出せないうちは、激しい叫びは彼が疲れ果てるまで続きました。それまで私は、ラジオの音量を彼の叫び声より大きくしていたのです。

私は、彼の選択的な視覚を頼りに彼の体の部分を指す方法を教える、鏡を使った教育が必要なことに気付くまで、ほとんどの時間鏡の前に立っている彼を無視することが出来ませんでした。私は彼をこのまま楽に過ごさせるか、それとも彼のあるべき姿を見出す試みをするか、選ばなければなりませんでした。

それからは、時間との競争でした。彼には「選択的な」注意に基づいて教える必要がありました。しかし、それは一方通行に終わりました。問題は、どのようにして答えを引き出すかだったのです。

そこで私は、彼の限られた行動を「言語化」するために、指差しで選ぶ方法を教えることにしました。彼がカレンダーを見つめているのに気付いた私は、これは良いきっかけになると思いました。「これは『1』、これは『2』。さぁ、『1』を指してごらん?」といったようにです。そして、私は数字を組み合わせたらどうなるかを、すぐに教え始めました。「1と6」は『16』ですが、「6と1」では『61』になる、などです。彼の理解は、私の期待を上回るものでした。これを皮切りに、私たちはそれを言葉へと拡げていきました。

たとえば、「あなたは階段を登っています」と言い、『登る』という言葉はこんな感じです」と彼に見せて、「私は『登る』と言ったでしょうか? それとも『滑る』と言ったでしょうか?」といった具合に、正解と不正解の選択肢を示します。そして、正しい選択肢を選ばせるのです。

程なくして、私はページに走り書きしたAからZまでのアルファベットの中から文字を見つけ、選択した単語を綴らせる課題を始めました。そして、単語から始めて、文章や段落を詳しく説明できるように持久力を養いました。彼は見て模倣することができなかったので、代わりに運動学習を通して手書きを学びました。手書きへと移行した時は、紙の上で手が動くという違ったフィードバックがあるため、彼はより楽しんでいました。

ある日、私はある人から中古のレミントン社製タイプライターをもらいました。彼はそれを使い、タイピングのスキルを獲得していきました。

ティトはインドでは学校に通っていなかったので、全インド言語聴覚研究所のプラティバ・カランス博士のもとに通って学びました。私たちがバンガロールに移ると、ティトはカルナータカてんかん協会で他の障害のある生徒たちに出会いました。彼らもまた独自の課題を抱えていて、人生の葛藤がどれほど多様であるかについて、私の視野が拡がりました。私は毎日さまざまな困難に直面している母親たちに出会い、彼女らも色々な形で努力しているのだということを実感しました。

今では、自分が苦労しているとは思っていません。試行錯誤の果てに、ティトにとって効果的な子育ての方法を見出せたのです。昔のような失敗をすることは少なくなりました。かつてティトに教えたように他の子どもたちに教えることが、今の私の仕事です。

ソマ・ムコパディアイ

目次

本書では、原書執筆時の地名を使用しています。
現在は左記の通りになります。

・カルカッタ：コルカタ
・バンガロール：ベンガルール
・マイソール：マイスール

声なき声

僕の窓

皆さんには、僕のすること為すことすべてが謎だろう。両親も僕を可愛がってくれる人たちも、気まずい思いをさせられ、悩まされている。医者は誰もが僕のことを、それぞれにいろいろな専門用語で語る。いったい何が自分なのか、ただただ分からない。

目に見える形で表現されるのはほんの一部に過ぎないから、それよりも考えている中身のほうが大きい。僕がつたない表現で示そうとしたあらゆる動きは、連続して起こる出来事という罠にはめられてしまったからだ、という感じがする。出来事は、原因と結果の連続だ。原因による結果が、次の原因と結果を生み出す。そして僕は、分からなくなる……。

ただ分からなくなるのではない、なぜこれが分からないか、その原因すら分からないのだ。小さな男の子のボク（以下ボクと表記）が話し言葉以外で自分を表現するには、かんしゃくを起こすしかなかったのだと思う。言葉は分かっていたが、どんなこととつながらないのだ。

影

手はその影と不思議な関係を作り出していた。だから、影という唯一の友が嬉しくて、何時間でも手を振り続けた。すると分からないこと一つひとつにとらわれて考え続けずに済む。世界を切り離して影といれば安心だった。影とだけは遊べる、それが世界だ！　だが実際は、ボクが自分を捨て、自らを影の世界に追いやっていただけだ。

夜は怖かった。あらゆるところに影を探した。手を叩いて呼びかけもしたが、暗闇しかなかった。友に裏切られ、ボクは影を求めて叫んだ。

母の声

次の友は、温かく受け入れてくれる母の膝だった。もしも誰かが抱き上げようものなら、間違いなくとたんにパニックに陥る。人が集まっているところはもちろん、どんな場所も拒否した。道路であれ公園であれ人であれ、初めてのものすべてに恐怖を感じた。母は社会に馴染ませようと他人の家にボクを連れて行ったが、状況は悪くなる一方だった。母の膝を取り上げてはならなかったのだ。ボクは絶対に歩こうとしなかった。

結果的に努力は報われなかったのだが、ささいなきっかけから実感したことがある。

「うちの子が話したのは、五歳のときだったわ」と、誰かが両親を説得しようとしたときのことだ。「お隣のお子さんは、三歳半だったって」と、別のお母さんの声がした。ここで「声がした」と、はっきり断っておく。というのもボクは、人よりも声のほうを認識するからだ。声と人との関連性が分かったのは、もっと後になってからだ。これは、なかなか興味深い問題ではないだろうか。

母は、いつも歌ってくれた。歌は言葉を音に載せている。ボクはそれを味わっていた。歌は記憶に残り、頭の中で何度もくり返し再生した。歌を聞いている間は、かんしゃくが起こらなかった。母はそれを知ってとても安心したが、人が集まる場面だとこの歌唱療法が功を奏さないとは、予想だにしなかった。これまでどんなに母の〝歌う声〟を求めてきたか。母がボクや他の誰かに話しかけるたびに、ボクはかんしゃくを爆発させた。

ある日、母の歌を聴いていたら、母の唇が動いているのに気づいた。(声って、人と唇に関連していたんだ)簡単そうに見えた。それから数日間、ボクは鏡の前で、唇の動かし方を探ろうと、その動きを真似しようとした。ほんの少しだけでも真似できればと思うが、母のようには動かせなかった。ボクがやったのは、背後に見えるイメージをにらみつけているだけだった。ものすごくショックで、新たな挫折と大きな不安が拡がった。ボクは、「世界」につながるすべてのことを拒絶した。なんらかの転換点となるようなことが起こり、答えが見えてくるのを待っていた。

母は精一杯の力を注いでくれた。ボクを背負って、おもしろい顔をしたり、できれば真似してボクが言えるようにと「ママ、ババ（ヒンドゥー教導師、また男の子への呼びかけにも使われる）」のような簡単な言葉を言ったりしながら、部屋中をダンスして回った。父は、歩こうとしないボクを抱っこして、戸外の道を歩いてくれた。「なぜ歩きたがらないかなんて、二度と考えまい」きっと父は、母がボクのために買った白い靴を思い出したくなかったのだ。母にはボクをとがめる気などなく、ただ可愛らしく楽しそうな足音をたてて歩くのを、期待しただけだった。でもボクは、歩くたびに追いかけてくる足音が怖かった。ただそれだけだ。

父は、初めての場所や道路がダメだと心得ていたので、ボクを連れて、よく同じ道を通った。ボクを抱っこしながら誰かと話そうと父が立ち止まる、すると父にとっては気の毒なことになるのだった。あの、単なる人の声がボクを悩ませていた暗黒の日々、いつだって結局最後はかんしゃくを起こし、疲れ果てるまでそれが続くのだ。

そして「どうして子どもを泣かせるんだ？」という父に向けた声が聞こえる。父は息子のかんしゃくに悩まされて疲れ果て、それでも相手への返答は控えるのだ。帰宅を急ぐしかない。数日経ってから、ひょっとして初めての道にトライしてボクが怖がったのだろうと、母は解釈した。

ある日、頭上にいつもと違う雲の景色が拡がっているのに気づいた。いつもの空を記憶しているボクは、とてもがっかりさせられた。世界は不確実性に向かって歩む、何とも理不尽なことでいっぱいだ。

母は将来教師として活動するために、大学の教育学博士課程に通い、二年間で資格を得た。その頃、ボクの祖父ダデユウと祖母ディアが訪れることになり、ボクはとても楽しみだった。不安なことは何もなく、満足な日々を過ごした。ただ、ある一点を除けば……。実は二人ともボクを可愛がってはいなかったのだ。母がそれを快く思っていないのは、なんとなく分かっていた。

ダデユウは、母と話すときいつでも大声で話す人だった。けれど、ボクは祖父といるのは心地よかった。ディアは、うちの台所と庭がどれほど我慢ならない状況かをまくしたてる、ごくふつうの人だった。十か月という短い期間だったが、二人が残していったのは「母はボクにとって悪い母親だ」というメッセージだった。

母が学生だったから、悪い母親なのだ。ディアがあきれ果てたのだから、母が悪いのだ。ボクと遊ぶためのプランを作り実行した、そんな母は悪いのだ。結婚して母親になった女性は、子どもを無視して勉強などすべきではないという観念に基づいて、悪い母親なのだ。この国では、死は神聖なものであり、自己犠牲が賛美され、大きな志を抱くと貪欲と悪徳に結びつくと考えられているので、母は悪者なのだ。

将来の野望のために大学に通うのを諦めさせようと説得されている母に、ボクは心の中でだけは寄り添おうとした。一方母のほうは、既にやるべきことを調べあげていたので、あちこちの医者を尋ね歩く果てしない旅が始まった！

最初に訪れたのは、耳鼻咽喉科専門のところで、ボクの反応を確かめるのにベルを鳴らした。医者は合点がいったふうにテーブルを叩き、ボクが二か月間服用することになったエンセファボルという薬を処方した。おかげでボクは、コミュニケーション能力の欠如による不快感から逃れる手段を学んだ。ソファやベッドの隅っこで、マスターベーションするのだ。

母は本にばかり関心を向ける息子をもっと活動的にさせようと、「泳げるようになれたらいいわよね？」と言って、あらゆる動きに対して「いいわ、すばらしい」とボクを励ました。ボクはその提案には同感だったので、母の言葉に対して、少なくとも何か答えようと努力をした。息子がたった二歳か二歳半の子どもだということを意に介さない母が、半月以上の間、ボクが本に向ける注意をなんとか切り替えさせようと、涙ぐましい努力を重ねていたのを、僕は今でもはっきり憶えている。

ボクは、前回の祖父母訪問で生じたさまざまなことを払拭するチャンスが、もう一度訪れることを願っていた。再び祖父母が来たときには、母は自信を持っていたし、ディアは台所にいた。ボクにとっては、おしおきとして独りで置き去りにされるのが、抵抗しようもない慣例になっていた。だが、それは正解だったのだ。ボクは罪悪感を持つようになり、感情が高ぶったときに何が起こるのか、考えるようになっていた。

イメージ

あの頃は、想像の力を借りて周りの状況を変えようとしていた、と思う。小さなボクは、実在しない場所に行くことができた。それは美しい夢のようなところだ。現実にそんなものはどこにもないのだが、階段はどこまでも高く高く上っていき、いずれどこかに行きつく……。だけど、もしもイメージがどこにも連れて行ってくれず、一から昇らねばならなかったとしたら、ボクはひどく落ち込んだだろう。階段がボクを神のいるところに連れて行ってくれるなんて、滑稽な願望だ。おそらくディアがとても信心深く、いつも祈っている人だったから、こんな想像をしたのだろう。

この妄想は、現実の階段に出会うまで続いた。ある日、カルカッタの病院の診察室で、ボクは階段を見つけた。ボクは両親をそっちに向かせようと必死になり、他のことは一切拒絶して、なんとか周囲の人に知らせようとした。両親は次々と訊かれる質問に答えねばならない中で、いろいろな策を講じてボクを落ち着かせようとしたが、効果はなかった。その日、医療チームの医者三人がボクを観察して、脳性マヒだと結論づけた。

その頃、ボクはもう一つの白昼夢にとりつかれていた。中年の男の人が、ボクの近くに座っているのだ。ボクがどこに座ってもどこに行っても見えてしまうので、とても煩わしかった。この中年男の存在は、ボク以外の誰にも見えないのだということが分かるまで、何年もかかった。もっとわけが分からないことに、イスに雲が乗っかっているのだが、そのイスに腰かけると見えなくなってしまう。ときどきそのイスに、あの中年男が腰かけていることもあった。僕なりにこの幻想について考え、納得できる説明にたどりついた。おそらく何かの雑誌とかテレビとかで似たような人を見たので、どこにいてもボクがイメージしてしまうのだ。

大事なことを断っておくが、こうしたボクの周りで起こるイメージが、どうにもできないときがあった。想像なのか現実なのか、決められないのだ。イスとテーブルはそこにあるのだが、本や雑誌など移動できるはずの物が、どうしても固定されて見える。

（ボクには過去が見えるんだ）と、小さなボクはひらめいた。そこで、前に見たり聞いたり匂いを嗅いだりしたあらゆることを、何度もくり返し思い出すようにした。そのときの行動をやり直しできるのが嬉しかった。そして、なんとボクは、身の周りで起こることが予想できるようになった。

（タイムトラベルできるんだ）と小さなボクは確信した。

この世で変わらないものなど一つもない。自分が愛し自分のものだと思っているものは、ほとんどがいつか手放さなくてはならず、時がたてば奪われてしまう。だから誰もがため息と共に、我が身に言いきかせる……「あれは一度は手にしたけれど、今はもうないのだ」と。向こうも僕を失ったと思っているのかどうかは分からない！

二歳半のとき、父が引っ越しを決めたと聞いて、ショックだった。ボクがどんなにがっかりしているか、なんとか伝えようとしたが、痛ましい結果に終わった。母は、ボクが新しい場所に慣れ、その家を心地よく受け入れられるように、少なくとも日に一回はボクをそこに連れて行った。けれどもボクは、ますます泣き叫ぶばかりで、悲しみは怒りに変わった。両親は、思いつく限りの助言をして宥めようとした。子どもが泣いているとき、コップ一杯の水が助けになることもある。食べ物に助けられることもある。ホメオパシー（一七九六年、ドイツの医師ハーネマンが提唱した代替医療）の薬が、落ち込みがちな気分を救う場合もある。それ以外の手段は、母にとって耐えがたかったのだ。

新しい家にいるのは、それはそれは恐ろしかった。オモチャはすべて違った物に見えて怖いので、とても遊ぶ気にならなかった。ボクには、違う場所に置かれた物はどれも、以前の物とはなんの関連もないのだ。

はっきりさせておきたいのだが、ボクにはすべてが非常に断片的なのだ。初めて見たものはそこにあるからこそ認識できるのであって、その場所にあるのがそれなのだ。本に描かれたイヌの絵はイヌだと分かるが、道にいるイヌがそうとは認識できない。母が忍耐強く教えてくれて、イヌの絵を見比べたり、家畜として飼われているウシが道にいるとか、動物園で見たりとか、何度も何度もくり返し練習した。同じ物だと分かるようになるまで何年もかかった。そうなるまで、動物の絵が描かれた本が、二人の伴走者だった。違う本に書かれたアルファベットも、やはり違って見えたし、別の場所で見た物は違って見えた。人間も同様で、写真で見た人と現実の世界で出会う人とは、別人なのだ。あるとき、市場や街中で挨拶しても返さないと、友だちが不満を言った。これは、彼らにとって非常にきまり悪いことだと分かり、ボクは恥ずかしかった。あらかじめ、街中の似たような場所で撮った写真を見ていれば、きっと助けになっただろう。

しばらくしてから、両親がボクを言語聴覚士のところに連れて行った。その人は二歳十一か月の子どもに少々手こずったようで、十分間観察した末、申し訳なさそうに知的・発達障害だと宣告した。

後からふり返ると、これは家族にふりかかったある種の衝撃ともいえる出来事だった。

母はふらつきながらホテルの部屋に戻り、ボクを抱っこすると、わずかながら泣いていた。小さなボクも悲しかったが、それを表わすことはできなかった。表情が変わらないのが、最大の問題だ。悲しい状況のときでも笑ってしまう、このことはきちんと注目してほしい。そんな状況でなぜ泣かないのか、ボクには分からない。

それでもこれだけは言える。ボクだって喋れるものなら、ちゃんとこのときのことを説明できる。そこにあったのは、予想できない将来に対する母の嘆きと、不安を封じ込めるために手を振り続ける子どもだ。このときほど、絶望し、怖れ、挫折した母を見たことはなく、後にも先にもこれっきりだった。

次に気づいたのは、母がとても信仰心厚くなったことだ。母は、言われることすべてを信じるようになった。金曜日の断食をしっかり守り、周囲の人に何をすべきか尋ねるようになった。子どもを癒しのオーラに満ちた寺院に連れて行くべきだと、助言する人もいた。熱意ある宗教団体に加入するよう勧める人もいた。ボクもそう考えるようになり、（ある日奇跡が起きて救われる）とまで思うようになった。ある人が、夜明け前に米粒だけを他の穀物から分けるよう、母に勧めた。母は、一晩中分別作業に追われた。白い布にそれを包んで通りに置いておくのだが、母がやったと誰にも見つからないようにしなくてはならないというのだ。白い布が道に置かれたときは、ボクには、数か月続く台風の合間に空が姿を現したかのようだった。

「他の子どもたちと一緒の社会に馴染んでいけば、喋れるようになる」「あの子を学校に行かせなくちゃ」と両親は決めた。それで、学校に通うことになった（就学年齢ではないので、おそらく幼児向けの集団教育の場を指す）。それはふつうの家のふつうの部屋で薄暗く、ダークグリーンの壁に囲まれ、床に敷かれたマットの上に二十五～三十人くらいの子どもが座って混み合っていた。初めの十日間は、そこにいるのがとてもおもしろかったが、そのうち耐えがたい場所になった。ボクは、どれほどそこに行くのが嫌か、なんとか表現しようとした。だが、母には決断した理由があったし、ボクも頑固に抵抗して、学校に行く途中も学校にいるときも、毎日烈しく泣き叫ぶばかりだった。誰もが「いつかは止むだろう」と考えていたが、三歳一か月の男の子が主張する声は、日増しに高まり、皆の我慢の限界を超えた。母は、「申し訳ないけれど、お子さんにはまだ学校は早いようです」と、先生から言われた。母に諦める気はなく、ひと月後にまた連れてきてよいかと尋ねた。しかし、その女性は男の子の成長に足る人ではなく、男の子も学校の存続に足る人間ではなかった。

ボクの頑固さが、母を失望させ悩ませていた。母は我が子が他の子に混じってやりとりできることを期待して、あらゆる年齢層の子どもたちを家に招待した。皆が楽しく過ごせるようにと、お菓子をいっぱい飾りつけた。毎日夕方になると、彼らが家に来て遊んでいたが、その間ずっと、ボクは身を隠そうとしていた。なんてやかましい連中だ！　ボクはもう、その声に混乱させられていた。さらに懸命に手を振り続けて、その音を追い払おうとした。

今でこそ、僕は大きなチャンスを逃がしたのだと悔やまれる！　だが小さなボクは、もっと基本的な問題に直面していたのだ。当時のボクは、状況がどうにもできずに混乱するといつでも視覚的な映像が出てきてしまい、それをどうしても制御できなかった。もしもゲームに勝ったら話し言葉がもらえると言われたら、「そのルールに従って心の安定が得られるよう、最大限の努力を惜しまない」と表明しただろう。だがそれは、ボクには真似すらできない難題だ。手を引くしかない。それがボクを不安にさせ、たぶんそのために、「騒音から静けさへとどこまでも高く続く階段」という、非現実的な世界にボクを閉じこもらせる。

群衆の中にいる独りぼっちそのものだ。完璧な静けさのための解放運動を狙った安定なのだ。

読者の皆さんには、どうして僕が当時のボクを「頑固者」と呼び、その後で、真似すらできない難題をかかえていたための自己防衛だったと言っているのか、分からないかもしれない。うまく遊べないときに、ボクが他の子と関わろうとしなかったから、頑固者なのだ。それが一般に言われる頑固の概念だ。

周りの人たちにとっては、その子がなぜ他の子のように行動しないかの答えがこれなのだ。それが噂になり、残り十か月の教育課程の間、母は悩まされ続けた。母は罪悪感から逃れられなかったが、それが最終試験に影響することはなかった。彼女は今でも、我が子の歪みに責任を感じている。

いつでも助けてくれようとする人はいるものだ。母は、「十時になったら私の家に連れてきて、そしたらあなたの仕事はおしまいよ」と言ってくれた友人、レイさんの助けを借りた。夕方になると、二人でボクを散歩に連れ出した。どこへ行くにしてもボクは怖かったが、二人はその子のかんしゃくを無視して道を歩いた。もう母は独りでその子に対応しなくてよかった。徐々に自信を回復し、まとわりついていた悩みと取り組む勇気を取り戻した。実にすばらしい友だち、レイさんの大きな心！

三輪車が、その子にとって大きな救いとなった。ボクはとても色の感覚が鋭かったので、三輪車への感謝の念を示すため、通る道に沿って持っている赤いオモチャを全部一直線に並べた。ただ赤だった（なんと時間がかかったことか！）。「赤のルールはとりあえず置いて、もう道でも乗れるはず」と両親の意見が一致した。「さあ、おいで、座ってこぐんだ」男の子は座り、両親は三輪車を押すため背後に回った。二人はクスクス笑いながら、いかに一押しで長く行かれるかを言い合った。皆さんは、ボクが三輪車に乗っていると思うだろう！　後ろから押されたら、三輪車がきちんと走るようにハンドルを握るものと思うだろう！　だがボクはハンドルさえ握らず、ただ言われるままに座っていただけだ。男の子はひたすら押されるのを待ち、そのうち二人は疲れてしまった。

数日後、母が、「さあ、自分の足で踏んでみなさい」とペダルをこいでみるように励ました。返答はなかったが、「いいわね、自分の足でペダルを踏んで、私を追いかけるのよ！」「さあ、おいで、私のところまで動かして、ここにいてあなたを待っているのよ！」

（よし）男の子は、心の中で自分の足に指令を出した。足は動こうとせず、二人ともどうにもならず怒りを覚えた。

そうして、僕も母も二人とも欲求不満に陥った。今思い出して語るのも恐ろしいが、そのとき母の顔には、ものすごく大きな期待がゆっくりと失望に変わり、やがて怒りになり、それが決定的になったのが見えた。母は、我が子が頑固でトライする気がないのだと考えた。けれども彼女は決心した。

「イヌの耳を引っぱって、ドアのベルが鳴ったら吠えるよう教えることはできる」

彼女はボクの足を持ってペダルの外側を踏ませ、次に自分がいる位置にペダルを引き寄せると、後ずさりした。「あとで背骨が曲がっちゃう」と文句を言いながら、見事な〝ちょこちょこ歩き〟で、踏む動作を教えた。男の子を座らせたまま、徹底的にこぐ練習をさせたのだ。ついにボクは、独りで乗れるようになった。

人々よ、周りにいる人々よ
唯一の答えなど無い
なのに特別な誰かを探し求める
僕は捜索のピエロだ！

これが、三歳半の男の子に分かったことだった。「自分流は放棄せよ！」というメッセージに従って行動するのだ。いったい皆はどこで適切な振る舞いを身につけたのか、僕は不思議だった。三輪車に乗れたときもし誰かにご機嫌いかがと訊かれたら、気分はよいが同時に不快感もあると答えただろう。そういうときは、その場から逃げ出すことだ。「それは、礼儀に反する」と周りは指摘する。

けれども、そんなことより深刻な出来事が起こった。ダデユウが亡くなったのだ。ボクが三歳半のときだ。そのとき、集まった人々は、故人のことよりもむしろ、生きている標本としてのボクのことを話題にしているようだった。

亡くなったダデユウのために親族が集まった夜、いけない行動を心配する母は、故人の横たわるベッドに上がろうとするボクを止めるのに必死だった。迷える父は、参列者たちから、可能性を見い出せそうだからと言われ、彼らが薦める専門家の住所を書きとめていた。この子にとっていつどこに行けばよいのか、父は迷った。

ボクも分からなかった……。（なぜベッドの周りに人が集まっているんだ？　そこに上がってこの目で確かめさせてくれ！）ベッドに上がらないようにと言われれば言われるほど、ますますボクは頑なになった。そして、なぜベッドの上にも周りにも花や花輪があるのか、理由を見つけようとした。芳香豊かな小枝が燃えて、うっとりさせられるベッドになっていた。「彼らは亡くなった人を賛美しているんだ」とボクは考えた。「ここで眠れば、皆はボクのことも讃えるだろう！　きっとボクの話し言葉についても詮索しなくなる！」花と燃える小枝に囲まれたベッドで横たわることに、初めて希望が生まれた。

誰かが「この人は永遠の旅路についた」と言う。（永遠の旅路とは、絶え間なく続く出来事の連続の罠にはまるたびに連想する、天井に続く階段を上がるようなものなのか？）ボクは疑問に思って考えた。答えが導き出されなくてはならない。昇り始めるのだ。そうすれば、死んでそのベッドにだって到達できると信じた。尊敬を得られる途なのだ。両親も自由になれる。

祖父が横たわるベッドで眠ろうとする息子と格闘している母に、「その子をここから連れ出しなさい」と誰かが言う。「可哀想に、そこにいさせてやりなさい、この子にはおじいちゃんとの絆が必要だ」と考える人もいる。

ボクは、自分が確かに持っていた愛着や、そんなものがなかったときや、さまざまな絆のことを考えた。古い衣類や家やオモチャ、かつて愛したすべてのものは、悲しみの原因だった。

（個人に属する体でさえ、死んでしまうのだ）（ボクは探し求める自由という罠にはめられた体を持つ人間なのだ）と考え、死が個人にもたらす、大きな意味が分かった。ボクは英雄となり、語り継がれるのだ。それを極めようと、ボクは決めた。

だから、そう決意したボクを邪魔するあらゆる働きかけに対して、徹底的に拒絶した。そこにまだ来訪者がいたら、夜中であろうと目覚めて、まだ生きている証拠にかんしゃくを起こしたことを憶えている。そこにあるのは花のベッドではなく、不愉快なふつうのベッドと床だ。少なくとも十〜十二人の親族が、大きな部屋で寝ている。ボクは叫び声をあげ、そのために家中が起こされ、夜の平和が壊された。母は、ちゃんとお腹を満たしてやらなかったせいだと後悔した。ボクを落ち着かせようと、母は大急ぎで部屋から中庭に出て、皆をまた起こさないように、独りで眠気と戦いながらハミングした。ほんとうに申し訳ないことをしたと思う。

ある女の人が自信たっぷりにきっぱりと、二度と皆の邪魔になるようなことをするな、と警告してきた。それからというもの母は、息子を抱っこしながらとても小さな声でハミングし、足音をしのばせて歩いた。

死ななかったことにわずかでも罪の意識があったなら、ボクは希望を捨ててしまっただろう。だが、他の人と床で寝るのは嫌だった。皆は、ボクが子ども用ベッドに寝たいから、寝つく前に泣くのだと考えていた。

ダデユウがこの世を去ってから考えついたこと、これがターニングポイントとなった。何を受けとめるにせよ、結局はすべて「不本意ながら」なのだ。

以前母が、自分の好きな童謡を思い浮かべながら一つひとつの行為をしなさいと、言っていた。もし「厄介者で言葉もない子が、いったいどうやって学ぶことができるのだ？」と訊かれたら、僕は「誰でも関心を持ったことなら学べる」と答えるだろう。より関心が強く早く分かりたいという思いこそが、学ぶ能力だ。

母は「メーメー黒ヒツジ」や「キラキラ星」を歌ってくれたので、それを聞いてボクは動くことができたのだと思う。母は、次の専門家のところにボクを連れて行くまで、我が子が発達遅滞ではないと証明することに必死だった。けれどもダデユウが他界して、ボクは一気に行動への関心が失せてしまった。

それは、存在そのものに対する虐待のようなものだ。ボクは自分の肉体があることを受け入れず、自分は思考の塊だと想像するようになった。イメージは、ますますボクを空想の世界へと導いた。ごくたまにしか、自分がここにいることを感じなくなり、鏡の中に世界があるのだと信じるようになった。自分の周りにある物とまったく同じに、イメージが真実だと感じた。

僕は、そこに行くことができる思考だ。今より良いところに世界があると、確信していた。今にして思えば、どんなことをしてでも逃げたいと願うほど、当時のボクは虐げられていたのだ、それは間違いない。思考の塊だと想像すれば、そこに行って世界を感じられ、望んでいた通りの静けさがあった。声を発することなく、お互いに分かり合えている。子どもたちもいるが、皆ただの思考だ。誰もが、優しさだけに包まれた安らぎに満ちている。目が、それぞれの考えを反映している。男の子が想像した階段だって、そこに映し出されている。「鏡の旅」は、周囲の騒音から逃れる格好の手段だった。そこに行けば、ボクは心地よさを感じられた。

母が感謝と喜びで満たされるように、「あなたのお子さんを救うために、神が私を遣わしたのです」と、ある女性が言った。その人は祈ることを奨励した。母は、プージャー（ヒンドゥー教の神像礼拝の儀礼）の部屋を見に来ないかと誘われ、喜んでボクをそこへ連れて行った。ボクは見知らぬ物と人に対して、匂いを嗅ぐという、これまでとは違うやり方で応えた。とても献身的なその女性が祈りを捧げ、母が輝く涙を流している間、ボクは近くまで行って匂いを嗅いでいた。「神は偉大です！」「偉大なる神は、必ずや私の祈りをお聞き届けくださいます、ほら見て、お子さんがこっちに来たわ！」その女性が言った。母は、その後も訪問してきた女性の勧めに従って、息子のためにと果物とお菓子を捧げた。父が仕事から帰ってくると、その人は大急ぎで、明日また来ると約束して帰っていった。

読者の皆さんは、この後どうなったのかを知りたいだろう。母は、お祈り療法を続ける気でいた。そしてボクは、その人に近づきキスをした（単に匂いを嗅ぎに行ったのだとは、二人には分からなかったが）。

父が、明日早めに帰り、その女性に「もう私たちのために時間を使わなくて結構だ」と、自分の口で伝えると言い出した。母は一瞬、危機的精神状態になったが、助けをきちんと受け取れる人だったから、父が自分の代わりに決めてくれたことを感謝し、喜んだ。父の言葉が、母を納得させたのだ。
「私が言うわ」「うちの平和が大切、特に今は、ね」それはものすごくハードなことだったろうが、そう母が決心した。賢さと確信に満ちた母の声だった。我が子を巻き込みたくなかったのだ。次の日再びやって来たその女性は明らかに腹を立て、「神はあなたのことを忘れはしない」と、彼女も忘れずに言い置いていった。

その翌週、評判のよい児童精神科医がいる研究所の予約が取れた。一九九二年の二月だったか三月のことだ。近所はホーリー祭（ヒンドゥー教の春の祭り）のお祝い一色だった。ボクは、他の子どもたちと交わるつもりはなかった。彼らはボクを遊ばせようとしたが、ボクは、肉体を持たない思考の塊でいようとした。ボクの世界ではイメージが作られ、思考の世界を進む旅はますます活発になり、それが現実にあると感じるようになった。

読者の皆さんには、その子が周りで起こっていることを「知覚」していなかったとは考えないでいただきたい。ボクはあいかわらず、心地よい声も、テレビで流れる魅力的な広告も認識していた。青空に浮かぶ白い雲も、手もとにある紙を飛ばす風も、たそがれ時のほのかな光も、いろいろな物が大好きだった。もはや一つだけではないので、それを列挙したら、皆さんはあくびをしてしまうだろう。

主たる問題は、ボクが自分の体を扱えないことだ。体の存在を否定する感覚がとても強く、それぞれの状況にふさわしい行動ができないのだ。

ボクは叫び声をあげることも少なくなり、不快を感じたときの耐性が増していた。母が、なぜ我が子が痛い思いをしたときに、他の子どもたちのように騒がないのか不思議だと、父に話していたことがあった。ボクも不思議だった。（けれど、騒ぐべきなのか？　ボクは、どんな痛みも届かない、そこから解放された思考の塊なのだ）と考えた。以前、こんなことがあった、肘をケガしたのだが、どこが痛いのか指し示すことができなかったので、母はボクの頭を撫でていた。

研究所に行き、そこで臨床心理士による観察判定の結果、「自閉的な」子どもだと両親が宣告された。

「お子さんは、周囲の出来事を理解できないほど、内側に引きこもっているということです」

（ちゃんと分かっているよ）と、ボクの思考は言っていた。

「では、どうすればよいのでしょう？」と、両親が尋ねた。

「なるべくいろいろなことをさせなさい」

次の予約日は、三週間後だった。

両親は、課題に適した、できるだけ長時間取り組めるようなオモチャを、あちこち探し回って買い求めた。大小さまざまなボウルが十個で、それぞれ異なる五色あり、二個は鮮やかな色のものだった。ボクは必ず支えができるように、いちばん大きいのをいちばん下にして、残りは大きさの順にそれらを重ねた。青色には青色というふうに、色にも合わせた。自分の天井を作っているみたいで、最初はおもしろかった。それらの色が輝いて、ぼんやりした天井のことなど想像する暇がないほどおもしろかった。初めて、動機を持てたのだ！　母はカメラを持ち出して、我が子が柱を建てる写真を撮るのに夢中になった。もちろん長い道のりだったが、その日々は輝きを増していった。その柱には、もっと多くの色と材料が必要だった。ほんとうはボクも、夢中になることをしたかったのだ。そして、別の建築材料になるブロックが手に入った。ボクはそれを使って柱と天井を作った。両親もこれに加わった。その時間は、天井のことをまったく考えずにいられた。母が、二本の並行した柱に、一本の棒を載せたら門のようになると提案した。まもなく二本の柱と門に沿って、ジグザグ形も作るようになった。燃えさしのマッチ棒を使って、四角形を並べたり十字形のようなパターンを作ることも覚えた。

ところが、そこに始めと終わりがあったり、列車のように直線的に並べたりすると、もうおもしろく無くなった。ボクには、建てる価値がなかったのだ。

やがて、新しいゲームセットが来た。一つは「まぜっこ・がっちゃんこ」だ。異なる形でできた空洞があり、正しい形になるようにそこにブロックをはめ込んで行くのだ。すぐに覚えて、それに時間を費やした。ボクは新しいオモチャが来るのを待ち望んでいた。次は、四ピースのジグソーパズルだった。関心が保てるように、両親は慎重にピースを選んだ。分かるまで時間はかからず、熱心に取り組んだ。ボクは次のオモチャを期待した。三週間後にはブロックを使って形を作り、八ピースのパズルができるようになっていた。

精神科医のもとに、二度目の訪問をした。「自閉的な子にこれほどの進歩が見られるなんて、思いもよりませんでした！」と感動した女性が言った。「思っていたほど重症ではないようです」これなら、今後もっと力をつけることができるだろうと、両親に請け合った。

母は安堵し、我が子がもっと好ましい行動ができるように、厳格な生活を始めることにした。朝四時に起きて入浴と調理半分を済ませ、我が子の「目標」に向けて準備をした。ボクは七時に起こされ、朝食を済ませると、課題の始まりだ。思考の中に迷い込んでいる暇はなかった。

「これを持って！」よそ見をしようものなら、母は容赦なく叩いた。

それが何日も続いたが、効を奏した。ボクは母が話すことにもっと意識を向けるようになり、前よりその指示に従えるようになった。父はそれを見るに忍びなかったが、妻に絶大な信頼を寄せていたので、何も言わずに別室へ向かうのだった。

母との学習

ボクの祖母ディアがまた娘を訪れた際、問題が起こった。子どもが、母親が何かするように言ったときそちらを見ず、かつてのように指示を無視した。母は息子を強く叩き、それが祖母を怒らせた。娘がひどく残酷な人間であり、母親失格だと思ったのだ。母は、驚くほど爆発への耐性が強いと認めざるをえない。

たとえ怒っているときでも、声を荒らげることはしないでいられるのだ。ボクはいつでも、そのソフトな調子の声に安全を感じていた。声ではディアに勝ちを譲っていたが、きちんと役目を果たしていた。

「カレンダーを見て何をしようとしたの？」母が訊いた。

ボクは部屋ごとにある違うカレンダーを見て、それらを見比べ、それぞれの数字を思い浮かべるのが好きだった。そうやって、数字を見つめて何時間も過ごしたが、なんの意味があるのか不思議だった。しばらくして、数字に一種のパターンがあることを見つけた。その形は、いかに折れたりまっすぐ伸びたり曲がったりしていることか、ときには本体の形を壊してしまうことさえあるのだ！『1』がまっすぐに伸びる直線で、折り曲げてしまったのが『4』と『7』、かと思うと丸まった形が『6』だ。ピンと伸びたり丸まったりするヒモのようなものかと思ったりしたこともあったが、それは笑い飛ばした。

「カレンダーを見るのが好きなの？」母が訊いた。そして左脇にボクを座らせ、ページごとに色鮮やかにコピーした数字を読み上げ始めた。たとえば母が『14』と書いた数字を指させば、ボクはカレンダーに、それを見つけなくてはならない。母は『14』を指さすように指示し、ボクがそれを自力でやり遂げると、満足した。その根気強い指導たるや驚くべきものだが、他の数字も一つひとつそうやって教えた。ボクは出来るんだ、ということを示そうと、一生懸命だった。母は我が子の新しい力にとても喜び、「うちの子は数字が分かるのよ！」と、そんなことにはまったく関心のないお隣に電話した。母の中で明らかに、風船が膨らんでいた。

ヒトは、「しなくてはならないこと」と「できない」ことに、好んで関心を持つものだ。

一九九二年四月十日。それは、ボクたち三人の家族にとって、ちょっとした記念すべき日だった。両親は幸先のよい将来を夢見始めた。子どもには、『6』、『1』、『0』が、湾曲、直線、円形であることはイメージできていたが、やっと、それぞれに呼び名があると分かったのだ。

ボクは翌日に百までの数字を覚え、母が読み上げる特定の数字を、ごちゃ混ぜの中から指させるようになった。そのたびに母が、「あの子は確実にできているわ」と父に伝えたが、父は三十分おきにかかってくる電話に閉口していた。ボクはこのことにとても興味を惹かれていて、もっと学ぼうと意欲満々だった。もはや、支柱と天井を作るゲームやパズルは卒業し、目の前にある新しい世界の入り口に立っていたのだ。

さらに数字を教えてもらえるものと思っていたボクに、母は同じようにして、アルファベットに挑戦させた。これまで同様、すぐに覚えた。

今では素晴らしい思い出なのだが、ある晩誇らしい発見があった。ボクは換気扇よりも速く、ぐるぐると回転した。実際、そうしていたと感じた！　これまでボクは「思考」ではなく「肉体」であることを、なんとか裏付けようと試みてきた。でも、そう簡単にはいかなかった。自分の体をばらばらにしか感じられないので、自分はそのとき感じた手や足そのもの、全体が自分とは思えない。部品を合体し、一つにまとめたかった。

速く回転している換気扇を見て、別々の羽が一緒になって完璧な円になるということに気づいたのだ。自分を速く回転させると、我を忘れるほど夢中になれた。誰かが止めようとすれば、再び自分がばらばらに感じた。これは、非常に扱いにくい、新たな状況だ。ボクは自分の体を見つけることができないのだ。速く走るか手を振るときしか、自分の存在を感じられない。ばらばらな自分というこの絶望感が、長い間ボクを嘲笑ってきた。この文を書いている現在でさえもだ。自分が「ばらばらに受け取った」ものを大事にするというよりも、全体が一つにつながった人間として捉えようとしたので、見知らぬ人からの「同情」や興味津々のようすを受け取れるようになった。

だが一九九二年四月は、そんな思考の惑いに煩わされる暇がないほど、いろいろな出来事が続いた。両親が夜明けの光を見出した週に、子のほうもまた、コミュニケーションへの関心を見出していた。ボクは、週末には数を数えたり足し算ができたりするようになっただけでなく、母が書いた明るくカラフルなアルファベットの文字盤を使って、指さしながら文字を読み書きできるようになった。「むかしむかし、一羽のカラスがおりました」母が物語を語ってくれた。ページには、母が描いたカラスがあった。ボクは色が好きだった。カラスは黒い色だったが、文章は単語ごとに色分けしてカラフルに書かれ、全体が色鮮やかだった。最初の授業は、「喉が渇いたカラス」の物語だった。それは、とても効果的に組まれた内容だった。

ボクには、意図しなくてもおのずと、灼熱の太陽と乾ききった斜面の熱さが感じられた。カラスはボクのお気に入りの鳥になった。そしてしばらくの間、黒がお気に入りの色になった。ボクには、他のさまざまな色たちが黒の暗闇をあざ笑っているのを感じた。

「夜が大空にある宇宙を暴き出す」「昼間の明るさはその色で真の空を隠している」だから星を見ることができないのだ、と分かった。でも、もしも暗さがすべてを暴くなら、ボクが暗い部屋に行ったとき、物を認識しづらくなるのはなぜだ？　ボクには不可解で、再び混乱し、暗い隅っこに行っては「黒」について考えるようになった。

だが、皆さんが心配するには及ばない、暗さへのこだわりについてこれ以上語るつもりはない。それ自体が持つ暗闇の中に埋めてしまおう。

しばらくの間、（周りの物すべてが生きている、だからこそ学びがある）と気づいたので、日々生きがいを感じていた。こう言うと、皆さんは馬鹿げていると思うだろう。けれどもボクは、ほんとうに言葉と数字に興味を持ち、それらに物語をつけていた。

たとえば、数字の『1』は他の数字の上に君臨する誇り高きもの。それに続く『2』は、気をつけないと「ふたつ」という落とし穴に入ってしまいがちだ。だが、一本足でバランスを保っている『1』の頭部を、湾曲させるという役目を果たしているのだ。でもそれに応えて、数字の『1』が、「いちばんの働き者は1である」という。

ボクには、イスは疲れを癒やそうと待ち構えている生きた女性に、食器棚はどんな食べ物であろうと食べてやろうと待ち構えている大口の人間に見えた。

「何がおかしいの？」と母が訊いてくる。「ヤギ」という単語を作る文字は、「ヤ」と「ギ」が、それぞれ異なる発音の仕方で、「ヤギ」と言い合うただの騒音で、互いにそれぞれの発音で言い争うイメージが見えて、ボクはますます笑い転げた。

既に文字をどう読むかは知っていたので、他の単語でも、綴りの文字同士で論争させる、という新しいゲームが出来上がった。発音について結論を見つけたかった。母は、ひずんだ音しか出さない息子が発する、どんな音にも注意を払っていた。専門家は、「自閉的な子どもというのは、結局何も意味がない言葉を言う傾向がある」と、母に警告した。ボクは文字が対話するのを想像しながら、できる限りの音を出した。

母は、もっと課題に取り組ませるにはどうするかを探るために、たとえば簡単な工作や何かを教える場に参加させた。

似たような問題をかかえる他の自閉症の子を僕は知らないが、三歳を過ぎてから発する意味のない喃語のような音声は、結局コントロールできなくなるので止めさせたほうがよいと、すべての保護者に助言すべきだと思う。ひずんだ音のまま定着するよりは、黙っているほうがよい。

人間の本能は、異なる行動が見られる場合はことさら、自分との違いにとても敏感だ。歪んだ行動に目を向けて、その子の持つ能力より、むしろ「できないこと」への関心を強く持つ。そして、それに同意する人もいる。また、ちょっと疑いを持って「話せない子が、どうして計算したりコミュニケーションしたりできるのだ」と、思う人もいる。

当時のボクは、違う考えを巡らして分からなくなっていた。ボクは、ボクを信用する人とはやりとりしたがっているが、疑い深い人には協力を拒んでいる、ということだ。

その頃のことをふり返ると、ボクは専門家のところで、文字盤を使って知能テストの質問に答えている。その女性の顔に賞賛の表情を見て、誇らしく感じている。同年齢の子どもたちよりも知的に優れていると、分かった喜びだ。これは、僕が自分の問題点から目を逸らそうとしているのかもしれない。だが親愛なる皆さん、もう一度「だが」と言わなくてはならない。その子には知性の廃品があるだけで、有効に機能しないのだ。

三か月間、両親がよかれと思った研究所と知能テストに明け暮れたが、さらなる進歩に結びつくものは何も得られなかった。

小児科医が頭のサイズを測り、この子には薬だと診断し、多動を止める薬を処方した。薬を飲んだらまず、しびれが来た。警戒した母が「この子は、視線も定まらず、ちゃんと歩くのもままならない状態ですよ」と抗議した。母は叫んでいたが、ボクにはその声も力なく聞こえた。他の音も、かすかにしか聞こえなかった。これは変だと思って、ボクは怖くなった。その薬をこの先使うのは止めようと、両親が決めた。夕方になるとしびれは消え去り、周りは再び物音で溢れた。

冬がそこまで来ていた一九九二年が終わろうという頃、両親は我が子を次にどこに連れて行くか、決めかねていた。そして、ヴェルールにある、評判のよいキリスト教医科大学病院（ＣＭＣＨ）に決めた。だがそのためには、紹介を得るというハードルをいくつか超えなければならなかった。

まず、父の会社の診療所で、政府公認を得た人に紹介状を書いてもらおうとした。会社は従業員にあらゆる福利厚生を提供すると、インド政府により保障されていたが、そこは少数の医師と二〜三床のベッドがあるだけの小さな病院で、たくさんの規則があった。

「うちの子を治療できますか？」父が診療所の事務長に訊いた。会社としては、助言できそうな病院（ＣＭＣＨ）に紹介するのは、気のりがしないようだった。そこで、近くの病院（ジャムシェドプールにあるタタ中央病院）に紹介した。「ご心配なく、そこからご希望の病院に紹介してくれるようにしますよ」と、会社での影響力に定評のある人の奥さんが言った。

そこには、めったに医者がいなかった。「規則によって出来上がった」独特な空気感が漂っていた。どの部屋の外にも人がいっぱい待機していて、皆我慢していた。ボクは我慢しないで廊下に出て歩こうとしては、親に連れ戻された。長時間経って、ようやく小児科医が来た。ボクは、きっと自分の計算力とコミュニケーション力を賞賛するだろうと、期待に胸を膨らませて医者の前に行った。けれどもそんな印象はもたれず、スキャン検査の部署に回された。「適切な援助が受けられる病院（ヴェルールのCMCH）に、どうして紹介してくれないんですか？」と、しびれを切らした父が尋ねた。しかし、自信を漂わせた医者は「なぜ、そんなことを？」と答えた。「あなたには一人の患者でしょうが、この子は私の息子なんです」と、母が抗議した。だが、医者にはチカラがあった。前にも述べたが、この母という女性はとても粘り強い。病院の権威者と話をして、紹介状を手に入れた。

だが医者が思いついたことへのこだわりは絶望的で、CTスキャンは避けられず、両親はボクを検査部門に連れて行った。両親としてはスキャン検査に反対なのではなく、もっと神経学の経験豊かな評判のよいところでしたかったのだ。

部屋は大きく、器械でいっぱいだった。ボクは狭いベッドに寝るように言われ、横になったとたんに動き始めた。丸型の窓に向かって自分が動くので、恐ろしくなった。

（そうはさせておけない）ボクは決心して、動くベッドから跳び出した。部屋中を追い回され、捕まった。ベッドに戻されて、少なくとも四人がかりで手足を押えられたが、頭だけは動かして不服の申し立てをした。担当医が、ボクを落ち着かせると決めた。看護師が鎮静剤の注射をした、ボクは眠るのだろうと思った。だけどボクは、はっきり知覚していた。丸型窓の中に入る途に戻されたのだと分かっていた。（いいや、丸型窓の中で眠ってなるものか）と思って、眠気と闘った。少なくとも一時間は、化学作用よりも意思の力が勝っていた。医者には他の患者もいたので、後日また予約するようにと両親に告げた。帰途についたときは、鎮静剤に抗えず、長時間の眠りについた。恐ろしい丸型窓は、そこにはなかった。

父が、病院の権威者だと聞いていた女性を紹介された。ボクたち親子にとって時間が大事だということが、父には分かっていた。だから、もっとボクにふさわしい病院を紹介してくれるよう、はっきりとしたためた手紙を書いた。

悩める者に手を差し伸べる真の友は必ずいる
だがこの世界ではめったにお目にかかれない！

「きょうは、あなたが物語を聴かせてちょうだい」ボクが文字盤の前に座ると、母がそう言った。ちょうどイソップ童話の物語を聞いたばかりだったので、〈言うことをきかないヤギが、遠くまで走っていき、道に迷って帰れなくなったが、最後は母ヤギが探して見つけだす〉という話を作った。自分の想像したものを言葉にするという、ボクには初めての頑張りだった。母も驚いて、褒めたり励ましたりしてくれたし、今まで知らなかった自分の誇るべき能力の発見に、ボクも嬉しかった。母は、聴衆のあるなしに関わらず、何度も何度もそれをくり返し読み上げた。ボクはそれを聴きながら、次の話をどうしようかと考えた。

同じようにして、ボクは十五の物語を創った。

南インドに向かう列車の旅は、たくさんのハプニングを伴う長い旅路だった。両親は、「通常とは違うことには何でも怒ってパニックを起こす」というボクの流儀に対応するために、多くの時間を割いた。たとえば、列車が中継地点で停車するたびにボクは怒り、大声でわめき散らし、周りの人たちをとても不愉快にさせた。自分の座席の脇を通る人がいれば、怒り出した。列車がヴィシャーカパトナムを過ぎて方向転換したときも、かんしゃくを起こした。引き返すのかと思って、怖くて叫んだのだ。

周囲の人たちの様子をよくよく見て分かったことがある。多くの人たちが、同じ運命に向かう自分自身に耐えていたのだ。長い二日間が終わり、列車は駅に到着した。

病院は希望の持てる場所だった。どの患者にも人間らしい説明をしてくれる医者の声は、患者に負担なく聞こえた。患者にとって、医者は神の次に位置するほど、信頼を寄せられる存在だった。患者を待たせ時間を浪費させるようなことはしなかった。ボクは、神経科に連れて行かれた。医者たちは、ボクが獲得したものを評価し、その能力に驚いた。

自分の体を指さして答えるようにと、身体部位について質問されたが、ボクはできなかった。人間の身体部位が分からないのではなく、自分自身にそれを同定して指さすことができないのだ。ボクができるのは、文字盤の文字を指さすことだけで、他の物だと同様にできるわけではなく、何かの対象物を指さすことは難しいのだ。すると医者は仕切り直して、別のやり方で質問してくれた。医者自身の手や足などを指さし、それをボクに文字盤を指さして答えるように指示した。これは簡単だった。

脳波を調べたいということで、翌日検査が行われた。ボクはもう、検査の言葉も知っていたし、そこに何があるかも分かっていた。やっぱり、丸型窓がここにもあった！　それでも、ボクは闘おうと決めていた。ボクは、鎮静剤を打たれないように病気になろうと決めて、胃の中の物を吐いた。これまでの鎮静剤の印象は悪く、ボクには嫌悪感をもたらすものとしか思えない。それでも注射を打たれ、ボクは眠気と闘った。医者は、一度ホテルに戻り、ボクが眠ったらすぐにまた連れてくるように、と両親に話していた。ボクはそれを聞いた、ちゃんと聞いていた。ホテルに戻ってしばらくすると、ボクは眠った。病院に連れて戻るために父が抱き上げたとたんボクは目を開けたが、注意深い父がベッドに戻した。両親は何度も挑戦した後、ついに諦めた。そしてどうしたらよいか決めるために、ボクを医者のところへ連れて行った。

はっきり言っておきたいが、鎮静剤は非常に体の感覚をマヒさせるので、ボクは歩くことも頭をもち上げることさえもできなかった。その一方、ときには大きく膨らんだイライラで、眠れないこともある。その上、ベッドなしでは不安でいられない。医者はゆっくり落ち着かせようと判断し、神経科に行くのを許可された。

神経科病棟の三人部屋で一週間過ごしながら、医者はボクと親密に関わって、観察を続けた。敬意を持って客人をもてなしてくれているような感じで、ボクはそれを楽しんでいた。看護師たちも明るく、オモチャを持ってきては遊んでくれた。医者たちはボクに質問し、ボクは文字盤を指さして答えた。その間ずっと、ボクは楽しんでいた。

「なぜ、君は喋らないのだ」と医者が尋ねた。ボクは文字盤で、喋るのは好きじゃないと答えた。信じる人は少数だろうが、それこそが、ボク自身が考えられる沈黙の理由だ。

ボクは、むしろ沈黙を楽しむようになっていた。これほど注目を浴びられる方法が、他にあるだろうか！でもだんだん、病院の天井高く張られた緑色のカーテンに、嫌気がさし始めてきた。めまいや吐き気を感じるようになり、そこら中に常に漂っている薬の匂いにも、落ち着かなさを覚えた。壁は白く、それがボクには病気の色として心に残った。

医者は、ボクが寝たらいつでもすぐ脳波検査ができるようにと、看護師たちに指示していた。ついに、皆の安心と引き換えにボクは眠った。そして一連の医療が施された。さらに数日間、知能検査を受けるために、そこにとどまった。その検査はバガヤムの精神保健センターが発行しているものだ。自信があったし、得点も高かった。この役にも立たない価値に、ボクは誇りを感じた。

（ボクは、このような人たちとその専門性を、ボコボコにしないのか？）（ボクは賢いまぬけではないのか？）そこで、「空っぽの容器ほど、叩けば大きな音がする」という諺を思い出して、音が出にくい中身の詰まった容器に自分自身をなぞらえた。

脳波検査結果にある記載などは、ボクにはどうでもよかった。だけど、ちょっと期待して興味をそそられたのは、「その子は〝正常〟と言わざるをえない、のだが……？」という表記だ。ボクは神経科から解放され、精神科に行くことになった。

一週間の空きができたので、両親が似かよった生活様式のバンガロールにボクを連れて行き、南インドを見物した。ボクがいかに天賦の才を持っているかと驚かされる人々に、ボクも大いに踊らされることとなった。

「この子は大物だ」と誰かが言った。自分の大きさは分からなかったが、ボクももっと大物になろうと思った。考えていることを語るのは簡単で、それがボクの評判をよくした。「神は実在するか」といった質問には、意欲をかき立てられた。

「自分の感覚で感じ取ることすべてと、感覚を超えて存在するもの、そうした刺激から受け取ったものを通して生まれる態度と感謝、それが神だ」ボクは確信を持って答えた。数人が書きとめていた。「天国とは？」と誰かが質問し、ボクは文字盤で「究極の喜びと幸せの状態」と綴る。中には、金言として書きとめる人もいた。ボクは次の質問を期待して、常に待機していた。休日は終わり、ボクらは病院に戻った。

翌日、精神病院に連れて行かれた。ボクはその場所が嫌いだった。あまりに開放的なのだ。開放的なのは、自分の体がばらばらにされたようで嫌だった。とても我慢できず、怖くてかんしゃくを起こした。開放的な空間に対する不安にボクは悩まされ、その後何年間も襲われ続けた。ほんとうは、大木が切られて出来た狭い道に、明るく咲き乱れる黄色い花が大好きなのだ。いつも通りで変わらないのが大好きだった。原っぱを歩くより、道路を歩くほうが安心だった。自由に溢れて多動になってしまう場所は、嫌いだ。

ボクがぎこちなく動けば動くほど、ますます精神科医たちはボクの知性を疑い始めた。母が何かのトリックを使って医者たちを騙そうとしているのではないか、とさえ疑われた。腹を立てた母は他に言いようもなく「私は息子への助けが欲しくて来たので、手品を見せに来たのではありません」と答えた。

母は戸惑っていた。ボクがジグソーパズルを完成させるのを見ながら「ほんとうにここは、この子の治療に適しているのかしら?」と、父に問いかけた。ボクは今まで、こんなにざわざわしたことはなかった。そこで、かつて想像した階段上の静かなすばらしい世界のことを、考えようとした。だが、教育によって新しい世界が開かれたため、以前のように集中することはできなかった。かつてのように天井を想像できなくてイライラし、ボクを教育した母に腹を立てた。何度も空想によって至福の喜びを得ようとしたが、物事への知識が視覚の世界に入り込ませてくれなかった。ボクは、以前のように視覚像を「感じる」ことができなくなっていたのだ。

たとえば、周囲の色を真っ黒な暗闇の影に変えたいと思うが、すぐに黒について母から教わったことが頭に浮かんで、視覚の邪魔をする。これは、腹立たしいことだ。

黒は、光の吸収装置
黒は、熱の伝導体
黒髪は、メラニンによる
黒は、夜空の色
黒ヒツジは、メーメー鳴く
ブラックホールが、宇宙に存在する
ブラックボックスが、飛行機にはある
黒海
黒人
黒土

こうしたことが邪魔をして、ボクは黒の世界を創り出せなくなっていた。

舌を鳴らして音が出し続けられるように、ボクは練習を始めた。そうすれば、医者に「中度の」自閉症であると言わせられる。書けない子を書けるように教える必要はないのだ。

母は息子が自閉症とされる、あらゆるポイントを書き出した。「視線を合わせられない・指さしができない・何か欲しい物があると誰かの手を取ってそこまで連れて行く・身振りで表現することも、感情を見せることもできない・多動で、模倣もできない」その他諸々のことが、この子にラベルをつけてしまう。そして「だけど、この子は言語を持っています。実際三カ国語はできるわ」と母は申し立てた。「書くことはできませんよね」と、医者が念を押した。母はとてもうろたえた。けれども、くじけているときに最高のアイディアが浮かぶのが母だ。「必要性こそが発明の母よ」と母は豪語した。

翌日から、母は課題に取り組み始めた。息子の手を持って、指さしする形を作り「本・メガネ・シャツ」などの一般名称を指さした。「私が言う物の名称を、アルファベットで指さすのよ」対象がボクの背後にあるときは、ふり返ってから指さすのが難しくて、とても困難な作業だった。身につけるには、時間が必要だった。

さあ、母がかんしゃくを起こす番だ！　母は、息子には負担が大き過ぎるのだと分かった。たちまち家族中に、戸惑いの空気が漂った。「息子に教育の必要がないということを受け入れるつもりはない」「本人だって書けるようになりたいという、正当な欲求を持っているに違いない」と母は言った。

父もやはり、医者の言葉一つひとつに気力をそがれて、落胆していた。このときほど両親で気が合ったのを、ボクはこれまで見たことはない。

けれどもさらに一か月半、「作業療法」のためにボクたちはそこに残らなくてはならなかった。その部屋は広くて、子どもにとっては腰かけると両足ともブラブラしてしまい、きちんと座ることができない大人用のイスが置かれていた。成人の患者グループ向けに用意されたものだった。セラピストはなんとかボクを座らせようとした。だがボクは、部屋中のイスと長いテーブルの周りを走り回った。そのとき、よく皆が遊んでいるトランプが目に止まった。だがボクには、ビーズとヒモが与えられ、時間の浪費を強いられただけだった。

そこには、知的障害児のための学校があり、午前中はそこで過ごした。他の子どもたちには難しかったのか、新品同様のちょっと興味を惹かれるパズルやゲームが、そこにはあった。

午後はセラピールームで、テーブルの周りを走り回った。母以外は誰も、ボクの行動を止めなかった。母は、どんどん多動になるボクに困っていた。

断っておきたいが、かつては見せることが誇らしかった力の全てを否定され、コミュニケーションすることも拒絶されていたのだから、ボクだって困っていた。結局文字盤など、なんの価値もない。母がそれを持っていないとき、ボクは人とコミュニケーションしていないのだ。それが最大かつ深刻な問題だ。

そういう手段があったのに、長い間他の誰とも使えなかったのだ。他人とできるようになるには、自分の触覚と何よりも重要な声が要る。それには時間が必要だ、そこが問題なのだ。声というのは、喋る人によってそれぞれ違って語られる、この点が大きな問題だ。少しずつ人に表明していきながら調整され、質問に答える声が整えられて行く、その過程が必要なのだ。

カキと出会って

読者の皆さんは、さんざん僕の考えを聞かされて、いい加減「それでどうなったか?」が知りたいだろう。さらにボクはインド全国聴覚研究所に送られ、耳鼻咽喉科の検査を受けることになった。

ボクの意に沿わない日々を過ごすことになるので、両親は月曜日まで待つことにした。

月曜日は忙しく、ボクは一つの症例として研究所に登録され、聴覚検査では結果が得られなかったので、心理検査に送られた。二人の臨床心理医が診たが、ボクがアルファベットを指さして言葉を綴るというコミュニケーション法を持っていることは、意に介さなかった。

そして「これまでに知能検査をしたことがありますか?」と両親に尋ねた。父が、以前ヴェルールで「天才」級だとされたテスト結果の書類を見せた。

「これは妥当とは思えません、きっとここでは違う結果が出るでしょう!」

両親は、かつて得た知能検査結果は息子の話し言葉や行動には意味がなく、時間の無駄だった、と思い知った。

ボクは、プラティバ・カランス博士に紹介された。しぶしぶその部屋に入ると、ボクはうっとりさせられた。テーブル越しに微笑みを浮かべた女性がいて、よくいる「何でも知っている医者」ふうではなく、ボクは期待を抱いた。ところがまもなく、別の魅力的な物を見つけた。古い建物のスケッチが描かれた、卓上カレンダーだ。ボクは気に入ったので、手を伸ばしてそれをかかえ込んだ。母が、取り上げて元の場所に戻そうとした。

「持たせてあげて」と、惜しみない笑みをたたえながら「だけど、どうしてそんなに気に入ったのか、訊いてみましょう」と女性が言った。

ボクは分からなくなって、（どうして気に入ったか？）と自分に訊いた。これはまったく新しい類の質問だ。今までこんな質問をした人は誰もいなかった。でも答えを期待されている。ボクは文字盤を指さして、「色のコントラストが好き」と答えた。ほんとうの意味では、正直な答えではなかった。でも、おかげで他の質問から逃れることはできた。実際、ボクの答えから何かを見つけようとする質問は、それ以上誰からも出なかった。ボクが期待したその女性から次の質問が出たのは、何か月も後になってからだった。

二か月後、ボクはマイソールに戻らなければならなかった。書き方を学ぶ小さな男の子にとっては、この二か月間が決定的なものとなり、既に別の物語が始まっていた。

これまで述べたように、ボクの力と、息子を書けるようにするという母の主張を疑う人たちがいた。母が紙と鉛筆をボクに持ってくる。母が一本線を書く。ボクは明らかに嫌そうな態度で、しぶしぶ鉛筆を持つ。新しいことには何であれ、ボクは積極的になれないのだ。鉛筆を握る力が緩く、何度も落としてしまうのだが、母がそのたびに握り直させた。

誰だって、ウマを水飲み場まで連れて行くことはできるが、その気がないウマに水を飲ませることはできないだろう。ところが母は、それと同じことをせよと迫るのだ。しまいには、ゴムひもで鉛筆をボクの手に縛りつけ、直線を描くまで、ボクを同じところに座らせ続けた。その日の終わりには、ボクは水平線だけでなく縦線も書いていた。一冊のノートが渡され、まもなくそれが直線で埋められた。それで終わりではなかった。ボクは前進しなくてはならない。もっと書く練習が必要なのだ。

次に母がさせたのは、雑誌の切り抜きを貼り付けることだった。そしてそれを見ながら母が質問し「最初は文字盤を指さして質問に応える。そのあと、自分の指さした文字を模写して応える」これが必要だと母は言った。ここで、ボクは模写ができないという問題が生じた。母はかんしゃくを起こしかけたが、諦めようとはしなかった。「初めて指さしで話をしたときみたいに、私が肩を支えるからね」と言って、新たな方法に挑戦した。母が触っているポイントで手の存在を感じると、自分の体と手がつながって感じられ、今度は簡単に書けた。

今の僕はどんな新しいことにも着手できるが、その確証をもたらすのがこれだ。僕のような自閉的な者にとっては、体の一部を支えられていることが大事で、ゆっくり練習を重ねることで、それが能力と結びついて発揮されるようになるのだ。やがてはそれが習慣化し、特別な行動ではなくなっていく。

ボクは、誰かが肩を支えてくれているときなら言葉と考えが結びついて、それを指さしたり書いたりして表現できるようになった。

七月の終わりにマイソールに戻り、「言語聴覚療法」が始まった。カランス博士が、医師としてではなく、「カキ」（それはおばちゃんという意味だが）として、治療を始めた。自閉的というレッテルを貼らずに、行動パターンをきちんと認めてくれる有能な人種で、ボクにとっては特別な人だった。

両親も彼女のセラピーを望み、大きな希望を持っていた。

初めの数日は、質問と答えがくり返された。彼女が「なんで喋らないの？」と質問を書いた。「あなたには理解できないでしょう」と、ボクが応えた。彼女は満足せず、さらに「あなたが説明してくれることを、もっと理解したいのよ」ボクは応えた「ボクにはすごく〝ＯＵＭ（電源を切っても情報が保持されるメモリーの一つ）〟の音に聞こえて、他の音はなくなってしまう」

これは、ボクが自分のスイッチを切ったときにいつも聞こえるブンブンする音のことで、答えとしてはどう見ても不正直だ。だが彼女には、非常に印象深かったらしい。彼女は、いうなれば壊れにくい頑丈な建具だ。自分はとことん追究する論者なのだと言って、さらにいくつも質問をするので、ボクはよりよい理由を見つけなければならなかった。（喋りたいと願っているのに喋らないことに、いったいどんな理由がつくというのか？）

そこでボクは彼女に書いた。「喋れないというのが、まさに自閉的であるボクが持っている権利だ」そしてこの問答を終わりにしようと、手を置いて文字の跡をたどった。カキは、まったく焦りを見せなかった。

母は、医者でさえ救えなかった人を救う「高徳な女性」がいるという噂を聞いていた。翌日の夕方にはそこに向かうバスが出発することになっていて、母が望めば、信奉者の仲間入りをするのも可能だった。母は期待に胸を膨らませて、聖地への切符を二枚手に入れた。大きな問題を即座に解決してくれることを切望して、その女性の祝福を受けたが、結局、ボクらはなんの解決もないまま戻った。ボクは手を振り続け、あいかわらず黙ったままだった。

五回目にして母は、もうどこにも連れて行かないと心に決めた。もちろんそれは短期間しか続かず、二週間後にはゴッドマン（ヒンドゥー教のカリスマ）を訪ねた。母は、毎回新たな希望を抱き、ますます祈りを捧げるようになった。なんという信心深さだ！

（ボクの問題さえなければ……）ボクはすべてのことに、とても罪の意識を感じた。強い母が、こうした人たちに服従するのを見るたびに、あらゆる希望を失った。（ボクのことがなければ自分に自信があり勇敢なはず）そんな母を望んだ。母が自信を持っていれば、ボクも自信が持てた。

ボクのカキが偶然にも多大なる影響を与えて、問題を解決してくれた。ある日「こうした人たちのことをどう感じているのか、息子さんに訊いてみたら」と、母に言ってくれた。ボクは、「なんの恩恵もなく、毎回喋ることもなく、帰ってくるたびにとても失望した」と返した。

母は「自分自身を守るために、耐えきれなくなるといつも素早い解決策を求めるのだ」と打ち明けた。

もしも母がボクの心情を傷つけたとなったら、母は悔やむだろう。けれどもすべては母がよかれと思ってしたことで、息子の気持ちに気づいたからこそ、もうあんなところには行かないと決めたのだ。きょうまで、母の言葉は守られている。

二か月弱の間、カキと毎日一時間ほど会ったが、ボクはその二か月間ほとんど返答しなかった。彼女が差し出したノートには、ずっと自分の手のひらの形をなぞって描いていた。それでも彼女といることは楽しかった。

ボクの言語を担当したセラピストは、ルーパ・ラオという女性だ。感じのよい顔立ちで、とても暖かみのある笑みを浮かべた人だった。彼女がボクの傍に座っていると、とても心地よかった。ボクはその時間を待ちわびるようになり、これまでに知らなかった初めての体験をした。ボクには、詩を創るという、すごい力があったのだ。ボクは彼女に向けて書いた。

心の中で　静かに燃えあがる
そこに横たわるのは　静かなる感情
愛が　たくましく燃え拡がる
それが何故なのか　自分にも言い表せない

それを見たときの母には、いろいろな反応が混ざり合っていた。驚きもしていたし、興奮気味でもあった。五歳の我が子が誰かを讃えたくて、その思いや考えを書けるなど、思ってもいないことだったのだ。

母はボクのカキに走り寄り、その感動を伝えてから、自分もこの子をもっと応援してよいものかと尋ねた。

カキは、「言葉は損なわれていないのだし、誰も傷つけることもないのだから、心配には及ばない」と言った。翌日ボクは、別の似たような詩を書いた。

我が愛は　深い海のごとし
すべてを　青く映し出す
唯一　それを知る者のみ
まことの光景が　目に映る

ボクは書くべきものを見つけた。ボクの詩を理解してくれる女性に向けて、書こうと決めた。その人たちに、言葉と感謝を贈りたかった。為すべきは、それらに性格を持たせ、そこにつながる外見の美しさを加えることだ。

輝きを放つ繋がりを見つけた
夜の闇が燃えるように色づく
近づいてよく見ようとするが
自分の影が見えるだけ

貴女の足下に　美がひざまずきキスをする
貴女の顔に　満面の笑みが拡がる
その温かな微笑みが　我が心に届く
心は、おのずから燃え立つ

ボクに対する見通しが変わり、マイソール滞在は二か月で終わりになった。以前よりも能力を認めてもらえるようになり、ボク自身も自分に確信が持てるようになったのだ。さらに認めてもらえるような形で書きたかった。もっと学ぶ必要があった。母が『オズの魔法使い』や『ノートルダムのせむし男』や『宝島』を読み聞かせてくれた。

地方都市での生活に戻ることは、ボクにとって簡単ではなかった。再び、静かな場所という罠にはまってしまった感じだ。怠け者になり、物に触れるにもボク流の儀式を始めたので、誰かがそれを止めようとすれば、混乱して怒り、ついには激怒することになる。こうした実に腹立たしい新たな理由で、ボクのかんしゃくは復活した。ボクは天井を夢見る力も失われ、パニック状態だった。道に出れば、独特のやり方で両親に守られているよう望んだ。なぜなのかはボクにも言えないが、自分の存在を確認するためのそうした儀式なしでは、安全を感じることができなかったのだ。誰にも止めることはできそうもなかった。

この状況がどうにも変えられないので、マイソールに戻ろうと両親が決めた。マイソールに戻ったとき、ボクらは少なくとも四か月ここにいるつもりだった。だから父は一週間後に帰り、母がここに残った。以前滞在中に出会った家族が、ボクらを泊めてくれることになった。マリカ博士という女性と、紳士のラグーだ。二人は最初、宿泊代を受け取ろうとしなかった。だが「泊める人から代金を取ろうなどとは思わないのだろうけど、どうしても両親は払いたいのだ」とボクが書いたのに、とても感動していた。無料で泊まらせてもらうのは「居心地が悪い」と、二人には分かったのだろう。

一九九三年十二月に、いくつかの行動上の問題をかかえながらも、マイソールで新しい言語聴覚療法を受けることになった。主たる問題は、「怒りっぽい」ためにかんしゃくを起こすことだ。怒りは、バスの道順、座ったり歩いたりするときの位置など、過去にできた決まり事によってひき起こされ、それがかんしゃくとなって、収まるまでにすごく時間がかかるのだ。

母が決まって被害者となり、どうして息子が泣いているのかと質問される。もちろん母には、息子が望んでいるような歩き方ではなかったと分かっている。母が右側に並んで歩くのを、ボクが望んでいるのは知っている。だが、（そんなことには折れないぞ）と息子に示したくて、あえて左側を歩いたのだ。しかし、自閉症を知らず「なんで泣いているのか」の疑問に合う答えを望む人には、こんな説明はかえって事をややこしくするだけだ。「別のアイスクリームが欲しかったんです」と答えれば、もう質問されることはない。

ボクには、自分の行為とその理由を結びつけるのが難しかった。自分の頭で考えることは意識できるが、体の行為には気づかないのだ。カキと行うセラピーに助けられた。マットの上で床に接触して座るので、その部屋にいるときは、いつもよりも自分の行為を感じることができた。彼女も脇で床に座り、なぐり描き用に紙をくれたので、さらに心地よかった。ボクは矢印や家を描いたり、手のひらの形をなぞったりした。ボクたちは意見を交わした。喋るのは彼女だけだが、ボクが鉛筆を使おうとしたり、彼女の手からビスケットを取ろうとしたりするときは、自分の行為をますます体感するようになった。そして、「部屋に入ったら靴を脱ぐ・それからすぐトイレに行く」といった、新しい儀式を行うようになった。

こうして自分の存在を確信していられれば、トイレに行くのと同じで、どんなことにも挑戦できるのだ。前よりずっと集中した。

自分で始めて、その日の終わりにはトイレに行く、トイレに行くことでその日の旅を終える。（セラピーの時間は、どうして自分で決められないのだろう?）

言語聴覚療法を担当したのは、ディーパ・バートだった。彼女は自分のためではなくセラピーの対象であるボクのために、「事実を淡々と述べる」話し方をした。パワフルで、細身の長い手には強力な骨があるようだ。ボクが頑なに体を固くしていても、セラピーの部屋に引き込んだ。（ボクはカキと話したいんだ）と、セラピーの数週間後に気がついた。最初はそれほど強い欲求ではなかったが、日増しに大きくなっていった。

ディーパは、文字盤を指さして会話するように迫った。数日してから、それができるように彼女の手でボクを支えてもらおうと思いついた。両親のことでいくつかの視点から質問をされ、当然、なぜ喋らないのかとも訊かれた。それには自分でも明確な答えがなかったので、ちょっと困った。

他の人たちがいうように、（自分が何か大きな存在の生まれ変わりかもしれない）と思っているのに気づいていた。誰が過去のボクをそうさせたのかは、分からない。

やがて、ボクが喋れない原因は、（両親の間で生じていることにあるかもしれない）と、思いついた。ディーパは、カランス博士に相談するのがいちばんと考えた。もしかしたら、このことを話し合いたいために、自分が喋れるようになるかもしれないという気がした。嫌な思い出だが、両親がボクの治療のことで言い争い、それにボクが何かしらの色合いをつけていた頃のことを、思い出そうとした。そうした苦々しさを出してしまえば、喋れるようになると期待した。

（カキにつらさを吐き出したら、きっと話し言葉が出てくる）ボクはそう確信していた。だから、家族が崩壊しかねない場面を想像し、二人が言い争っている間どんなにボクが怖かったかを説明して、カキを納得させることができた。カキがボクの話をすべて信用してくれて、両親それぞれと別々に話をしてくれた。

ボクはカキが話してくれた後、二人がまた言い争うだろうと思った。その姿を見れば、ボクが喋れないほんとうの理由が見つかる気がした。だが二人は争いもせず、互いに責任転嫁することもなかった。「そうではなくて、問題が生じて以来『我が子の行動の複雑さ』だけを言い争い、その結果きちんと育ててやれなかったのだ」とボクに話した。そして「二人とも、ボクのことで社会からの距離を感じていたのだ」と言った。

そのうち、（もしも父がもっとボクと遊んでくれたら、言葉が早く出るかもしれない）と考えるようになった。喋りながら遊んでいる子どもを見ると、喋らなきゃなどと思わずに遊んでいる、そういうときに言葉が「やってくる」のだと分かった。

カキは研究所でも自宅にいるときでも、特別な時間を取ってくれた。ボクは快適だったが、言葉は出てこなかった。ディーパもカキの助けを得ながら、ボクを「見直す」ための時間を続けてくれた。時間を使って、ボクがほんとうに悩んでいることは何かを分かろうとしてくれた。ボク自身にも、それは分からなかった。

父は二か月前に以前の仕事を辞めていたので、よくボクと遊んでくれるようになっていた。追いかけっこなどで走り回りながら、ボクは言葉が出てくるのを待っていた。頭では別の遊びも知っているが、それがボクにできる唯一の遊びだった。

はっきりさせておきたいことがある。前にも書いたように、知識とそれを当てはめることとは、ヒモの両端みたいなもので、間に「関連づけ」と呼ばれるものがあるために、両者がはっきり分断されているのだ。だから、ボールはキャッチしたり、棒で打ったり、蹴ったりできると分かってはいるが、ボールを「扱う」ことがボクにはできない。追いかけっこもそうだ、誰かがボクを追いかけて、追いかける人から走って身をかわすのを楽しめるけれど、誰かを追いかけることはできない。

この問題を克服できたのは、母が手のひらに一枚のビスケットを置き、その手をとてもゆっくり動かしながら、少しずつボクが目で追えるように見せてくれて、どうやって「相手」を追いかけるのかを教えてくれたからだ。

ある日、自閉的な子どもが木の周りをぐるぐる回って、お母さんが捕まえようとするのをかわしているのを見た。お母さんは走ることに集中しているようだった。だがその子は、追いかけられて自分の体を使うことを「感じている」のが、明らかに見てとれた。

これは共通の問題なのか？　未だに僕には分からない。

体を使うということ

まず決めなくてはならないのは、マイソールでの滞在をさらに続けるべきかどうかだった。父は、自分の経歴にふさわしい仕事を探していた。両親は、自宅から離れた仮住まいとなる家を借りていたが、やがては自宅に戻り「その後幸せに暮らしましたとさ」となる共通の夢を持っていた。

でもボクは戻るのが怖かった。あそこでは苦い経験がいくつかあったから、ボクは（おそらく戻ることはないだろう）と自分に言いきかせた。ボクが考えた次の問題は、母がボクの教育をすることだ。「もしも戻ったら母がそこでボクを教えるだろう」と、ボクの考えをカキに話した。今思えば、我が子をうまく育てられないという、どうにもならない曲がり角に母を追い込んでしまったのだが、「母親というよりは、教師なんだ」とボクは言った。これを聴いたら、母がどれほどショックを受けるか、ボクは分かっていた。

山のような本は消え去り、ボクは思いのままに時間を過ごした。ボクは、母の授業時間を失ったのだと気づいていた。

父は研究所に来て、ボクと追いかけっこして遊んだ。ときどきボクが飽きると、「セラピーの庭」で一緒にベンチに座った。

しばらくして、ディーパとのセラピーが終わりを迎えた。ボクは彼女がいなくなると思うと、とても切なくなった。

貴女が多くをもたらした日々
一瞬一瞬が輝きを放つ
その愛の瞬間が失われて行く
なぜなのかは分からない
時のかけらにまぎれた傷み
壺が壊れたかのよう
あの誇り高きなめらかさ
今やもうここには無い

六月に入ってディーパが去り、シャンタラがセラピーを始めた。食事と着脱の仕方を教えてくれた彼女には、これまでにないほど感謝している。ほんの少しずつ段階を踏んで、それは根気よく教えてくれた。穏やかな声で、非常に落ち着いて働きかけてくれた。二か月もすると、ボクは自分で食事も着脱もできるようになった。（手とは、振ること以外に使えるのだ！）自分の手が、以前よりも「体感」できるようになった。

同じ頃、母がボクに色塗りを教えた。塗り絵の絵本を買ってきて、見本に出ている通りに、絵に色を塗るように言った。この生まれながらの教師は、けっして教えることを放棄したりしないのだ。実際ボクも、母との授業を失ってしまったと感じていたのだから。スケッチ用のペンと色鉛筆で、毎日どんどん上手に出来るようになり、何時間も座ってそうしていた。最初は自分に課せられたものとして色塗りをしていたが、徐々にそれが楽しくなっていった。一冊完成するまで熱心に取り組んだので、母が次を買って来るたび、すぐに終えてしまった。


それから、なぞることと模写することを学んだ。

自分の経験でも、またそうも聴いてはいたが、形を模写するのは、多くの自閉症に共通の難題だ。だが、この分野で学識高く権威ある専門家たちに、このことを伝えようとは思わない。これはあくまでも、僕の経験と観察に基づく個人の見解だ。

特に、円形や四角形を模写するのは難しいと分かった。「どうすれば良いか」ゆっくり理解できるように、母はボクの手を持って形を描かせてくれた。

ボクは「何をするのか」ではなく、「どうすれば良いか」をくり返した。読者の皆さんに誤解しないでいただきたいが、このことは、実際にあらゆる問題に直面したとき、必ず出くわす問題なのだ。

どう遊ぶか？
説明できないのでは？
どう喋るか？
尋ねられないのでは？
どう話を聴くというのだ！
やってみる気があるか？
ああ　やってみたい！
やってみるにはどうするか？
教えてくれ！

母はこれを知って困惑した。「やってみるのにどうすればよいか、どう教えろというの？」と、母は絶望して息子に聴いた。カキが、ボクに「どうトライするか」を学ばせる方法を、考えねばならなかった。まず他人の真似をすることだと言われた。

言語聴覚療法士が、一般的に子どもにとって簡単な、介助なしでできる基本動作をいくつか教えてくれた。アニルというセラピストが「1」と言って、両手並行になるように挙げて見せた。

「2」と言って、両手を前に突き出した。ボクは、『3』と『4』を待つ意味があるのだと思った。（そうか、これがやってみるということなんだ）（自分の体を使って何かしたいと思うことなんだ）と、結論が出た。

皆さんは「体を使う」とか「体を感じる」という言葉が何度も出てくるので、うんざりされているだろう。けれども、頭の作業と体との関連づけに困難をかかえながら、学んだり模倣したりするには、必ずついて回るものなので、これを説明しないわけにはいかない。皆のように「やってみる」つもりはあっても、「その気があるなら当然するだろう」と思うような、「ふつうの行為ができない」ということが、常に負っている罪なのだ。

練習は続いた。自分で動かす行為の練習は、数字の「1」、「2」、などで構成されていて、系統立てられているので、ボクには次の動きが分かり易い。ところがゲームは、予測ができず・不確かで・混乱させられ・難しい。だから、ゲームで遊ぶよりはマシだった。

同じ頃、母はボクにキャッチボールのやり方を教えた。すぐ近くに母が立ち、ボールを使って「やりとり」することから始めた。母がボールをくれるように指示し、ボクは母の手にボールを渡した。母はすぐにボールをボクに返した。何度もくり返し、ボクはその活動に集中できた。ボクが集中していることに満足した母は、少しずつ後ろに下がり、ボクに向かってボールを投げ始めた。ボクがボールを受け取ると、母に返すよう言われて、戸惑った。母のところまで歩いて行ってボールを手渡し、次に受け取れるようにもとの位置まで戻る……。何度もそうやって母にボールを手渡した。ボールを投げる動作を真似することができないのだ。「投げる」ということが何かは知っているが、そういうふうに手を使うことはできない。ボクは嫌になってきて、そのゲームから離れた。

母は取り残されたが、息子がボールを受け取ることをちゃんと学び、ゲームの半分とはいえ、一時間近くも興味を持ち続けたことに満足していた。ボクも、正しいやり方でボールを扱えたので、嬉しかった。

均整のとれた球体
そこにあるなめらかさ
よどみなく続く優美さ
幸せが戯れる

休憩時間も「投げる・取る」のやり方で過ぎた。母は家の中で手近にある物、ジャガイモ・ニンニク・タオル・シーツ・鉛筆・プラスチック皿など、何でもボールに見立てた。何かを投げるたびに、ボクはそれを取って投げ返すことを想定しなくてはならなかった。ボクはスポーツウーマンのところまで行って渡しては、母が疲れるのを待った。彼女は教えるつもりでいるので、だんだん耐えきれなくなった。

翌日、ボールを持って研究所内の「セラピーの庭」へ行った。母はゴムボールを壁に投げた。ボールが彼女の手に戻ってきた。ボクにやってみるように言った。ボクは一生懸命にやった、驚いたことに、見た目より簡単だった。ついに、どうやってボールを投げるかを学んだのだ。

「カキ、母はやり過ぎるんだ、始めたら即座に分からせようとする、だからボクはすぐ自分自身の世界を見つけに行く」と、いつも通りに文字盤を指さしてボクは訴えた。それに対して、ちょっとむごい返答だと思ったが、カキは「私たちの一日は二日分に相当する」と言った。

ボクはどんな新しい活動も抵抗しようとしたが、母は一度にたくさんの新しいことを教えようとした。ボクは、カキが「一つのことだけに注意を向けるように」と母に言ったのを知っていたから、このことも訴えた。

カキは「いろいろな体の使い方も、トレーナーとのやりとりも学べるから、この子にはよいと思う」と、スイミングプールを勧めた。

明日にしないのが、母の流儀だ。「きょうから始めるわ！」と嬉しそうに告げて、喜び勇んで帰宅した。きっと助けになるだろう、とボクも思った。（どうせ、お風呂みたいなものだ）

スイミングプール
いっぱいの水
涼しげだ
楽しさに溢れている
けれども僕は分かっている
ちょっとびっくりしている自分
だって何も身にまとっていない
すぐ目の前には水
僕は心変わりして
後ろを振り向く
ためらいがちな勇気
（標準以下だもの）
でも次に現れるのは……
ベストを見せるぞ

スイミングプールは、確かに青くてキレイだった。でも、はしごを使って水に入ろうとすると、気が動転した。母はとにかくボクを奮い立たせて、プールの中に入らせようとした。

（いったい何をどうしろというんだ？）分からなくて、自信ありげに座っている水着姿の女性たちを見た。

スイミングプールの人魚たち
目に映るのはその姿ばかり
網がここにあったなら
全部すくいあげてしまうのに

膝の高さくらいの水の中に立っているので、（ともかく立っていよう）全身全霊でそうしていようと決めた。母はボクを励まし、指示を与え続けた。

「あの子を見てごらん、ああやって歩くのよ！」

「あっちの女の子を見て、棒につかまって足を伸ばしてるでしょ、さあ、この棒につかまってやってごらん」

人間の頭は奇妙なものだ。状況判断によって、自分を奮い立たせたり勇気を萎えさせたりする（僕は実際に戦争に加わって行動するよりも、愛国者のような言葉で語るほうが好きだ）。

ボクはトレーナーを見つけるよりも、人魚たちの優雅さを讃えながら眺めていようとした。母は息子のために有意義な時間にしようと決めていたので、ボクをさらに水中に浸からせようとしたり、プールの縁に立って今にも水中に飛び込むように自分の体を曲げて見せたりした。誰かがトレーナーとして名乗り出てくれないかと、人魚たちの注意を引こうとした。

お嬢さんが優雅にやってくる
可愛らしい笑顔をたたえて
お嬢さんにはなんの躊躇もない
けれどボクは恥さらし
お嬢さんがボクの腕を取る
魅力的な笑顔をたたえながら
そしてボクを押しやる
より深い水の中へ
けれども可愛いお嬢さん
ほんとうに申し訳ないが
その魅力でボクは落とせない

それほどの不安と怖れ
混乱し叫び声をあげる
貴女は怖くなって腕を放し
「きっと　怖れと闘うには時間が必要なのね！」

一時間後に、乾いた体でプールから出てきたときは、解放されて安心し帰宅するつもりでいた。母も疲れていた。

「明日は、もう怖くなくなってるわ！」

(大好きな母さん、どうしてボクの問題が分からないんだ？）と、心の中でボクは尋ねた。（水が怖いんじゃない、初めてのところだと自分の感覚が失われてしまう、それが怖いんだ）

けれども、母にそんな心の声が聞こえるはずもない。ボクには他に説明のしようがなかった。だから母は、ふつうの子どもたちと同じように、「水」が怖いというメッセージを受け取ったのだった。

翌日、ボクはさらに怖かった。ただ立ち尽くし、コチコチに固まって、自分がとても重く固い岩になったみたいな気分で、時間が過ぎるのを待っていた。けれども、前日同様プールの縁に立ってはいても、母がボクを押せないくらいの距離は保っていた。母が一人の女の子に、ボクが怖がっているから手伝ってほしいと頼んだので、その子はボクを浅いところに座らせようとした。ボクが水しぶきをあげてプールから飛びだしたので、母に声をあげて追いかけられた。「戻りなさい！　戻れと言ってるでしょ！」

スイミングプールは、失敗に終わった。「きっと、もうあなたはその気にならないでしょ」「もう二度とここには連れてこない」と言った母の言葉で、ボクは解放された。

次の体験は、室内体操だった。母はそのことを告げると、ボクをトレーナーに紹介した。そこは、筋肉や骨を鍛錬するだけでなく柔軟性もつくだろうという、その子にとって申し分のない場所だった。だがとてもやかましい環境が、ボクの耳を聞こえなくした。一方、ボクの叫び声が皆の耳も聞こえなくし、ボクは目をつむり、バスケットコートの床を転げ回り、初めての状況から逃れようとした。ボクがリング上でいきなり叫び声をあげたので、他の子どもたちはその場から動かず、喜んだ子どもたちの笑いと友情に取り囲まれた！

母はいたたまれない思いをし、息子が突然叫んで邪魔したことを謝っていた。トレーナーは母に、次回ボクがちゃんとできれば何も問題はないと話していた。けれども母は、彼らがボクとの闘い方を知らないので、それを分かってもらわねばならないと思っていた。そういう工夫が母には必要だった。少なくとも、息子の振る舞いを見た後も、息子を拒否せずにいてもらわなくては。母はトレーナーの申し出に感謝し、もしも息子がまた来ようというなら、ちゃんと見ているように話して聞かせると伝えた。それ以上息子に強制しようとはしなかった。

「出て行くかどうか、あなたが決めなさい、私はその通りにするから」「だけど、きょうはもう泣かないでね」とボクに言った。

「自分の体を曲げられたり、ひっくり返されたりするのは怖い」と、ボクは文字盤で指さした。

「他の人たちが、体を曲げたりひっくり返ったりするのを見ていましょう、嫌になったら出ればいい」と、母は約束した。「私が望むのは、新しい状況を受け入れるとき、もっときちんと振る舞えるようになること。それだけよ」「五分間だけできたら、もう家に帰ってそれ以上は何もさせない」と、母はボクに約束した。ボクはそこにいて、楽しそうな子どもたちを見ていようと思った。気の毒に、母はそうとう張り詰めていた！　それを隠すために、同じ歌詞を何度もくり返し暗唱していた。

♬誰が風を見たでしょう？　あなたも僕も見やしない♬
♬けれど木立ちが頭をさげて　風は通り過ぎてゆく！♬

ボクもそれをくり返してみたら、すっと気分がよくなった。ボクらは五分か十分そこにとどまるために、三十分くらいは歩き回った。それが、僕が自分で選んだ時間だった。ボクは四十五分間、そこで見ていた。母は驚いた。それ以来、午後になると毎日そこへ行き、その「催し」の後は気分がよかった。けれども、トレーナーはとても忙しい人だったので、その子に特別な注意を向ける暇はなかった。

（なぜ一緒にやってみないかと、声をかけないんだ？）と、三週間通っていてボクは不思議だった。自分がふつうとは違っていて、たとえよりよい世界の一部だけでもと望んでも、自分の世界にいてふつうとは違っている、ということをボクは忘れていたのだ。

確固たる現実の世界
それとは別に感じる感覚
拒絶されるとつらい
なんとかきちんと扱いたいのに

母が教えようとしてボクが怒ったとき、「どうやってでんぐり返しをするか教えてあげたいのよ」と母が言った。「あなたが間違っているんじゃないの、初めての日は、すごく驚いたから叫んでしまったのでしょう、だから怖いんだけど、どうやって『イヤ』だと言ったらよいか、まだ分からないのよね！」

それは、まさに今母が教えようとしていたときで、床の上に置いたベッドマットレスに乗って、そこでひざまずくようにボクを手伝っていた。

断っておくが、「手伝っていた」というのは、ボクが眉をひそめながらも言っているだけだ。（〝六歳半にもなる男の子〟に、なぜひざまずくのを手伝う必要があるというのか？）

ボクの名誉回復のためとお分かりだろうが、当時のボクは真似することもできなければ、初めてのことには何でも混乱してしまっていたからだ。母もそれを知っていたから、息子が既に知っていることを利用して、ひざまずくのを手伝おうとしていた。コチコチになっているボクの頭を前に倒そうと、何度も何度もくり返し練習させた。ボクが楽しみながら適切な行為ができるようになるタイミングを見計らって「もう大丈夫、さあやってみよう」と言って、でんぐり返しができるように足のほうに向きを変えた。（わあ、なんておもしろい！）二〜三回やると、ボクは独りでできるようになった。（ちゃんとできる）と思って、満足感いっぱいだった。

（その通り、おまえの不自由さを分かっている人が教えさえすれば、どんなことでもおまえはできるのだ）と、希望に満ち示唆に富んだ別の自分の声が聞こえた。

もう一人の自分
「僕の手が届かぬ」別の自分
僕の一部であるのは知っている
どう振る舞うかを尋ねても
不確実性のただ中に取り残される
状況にはいろいろな途があり
あれかこれかなど決められない
「もう一人の自分」だけが賢く見つけ
僕はバカな振る舞いをするだけ

翌日、「前転ができます」と、母がトレーナーに報告した。もしも他の子どもたちと一緒に挑戦させてもらえたら、すごく自信が持てるだろう。ボクは自分が学んだことを披露する順番を待って、列に並んで立った。だが並ぶのも待つのも慣れていなかったので、耐えられずに、手を振り始めた。周囲の子どもたちは既に好奇の目で見ているので、良くない行為だということを思い出させようと、母が近寄ってきた。順番がきたが、他の子どもたちが見ている中で緊張を感じながら、どうやってひざまずくのか忘れてしまっていた。母には経験からそれが分かっていたので、素早くボクをひざまずかせて後ろから押すようにして手伝った。母が触れること自体が、他の子どもたちと同じようにどうすればよいかも、印のついたところまで跳ぶことも、ボクに思い出させてくれた。

「確かに、学んだことを応用できるようにするには、違う場所でやってみればよかった！」と母が言った。けれども、なんの条件も要らないなら教えることはできたが、平行棒を使う・リングの中で・ジャンプしながら行う・アーチ型天井の下で教える、などはできない。母も限界を感じていた。

「言葉が出て、私が必要ないと思えるまで、待つほうがいいわね」と、母が言った。ボクはがっかりしたが、ここで時間を費やすよりは、他の子どもたちのようにやらせたいという願いを、別の手段に替えるほうがよい、それが母にとってもたやすいと結論を出したのだ。

ここにいても皆のように、きちんと行動調整できないし、自分たちの生活が脅かされると、母も感じていた。母だって疲れていたし、今後も疲れさせられるに違いないのだ。

どんな運動がよいかといえば、道を歩くことならできる。トレーナーを探すなんてことは、もういい！

「カキ、どうしてボクはもうセラピーに行かれないの？」カキがもうボクを歓迎しないのかと思って、尋ねた。

「あなたが来ることに異論はないけれど、あんまり行動がひどいから、他の人たちからはここでのセラピーが有用だと思ってもらえないの、そのくらい、あなたの行動には私も恥ずかしい思いをさせられる」と、カキがボクに言った。

（どう行動するのか？）ボクには分からなかった。（行動とは何か？）ボクの「もう一人の自分」は、（行動とは、それによって他人にある印象を与える、そういう状況下で行うやり方である）と明白に定義してくれる。

だが、「ひどい」という言葉が気になった。良い悪いは、相関関係にある用語だ。カキはどうして「ボクがひどい行動をした」と言えるのか？　カキには理由があって、それは適切な理由のはずだ！

しかもボクの行動を見て、それが「ボクの個性であること」を認めた上での、正しい理由があるのだ。多くの人は自閉症を恥ずかしく思い、当惑したり怖がったりするけれど、「考えること」は、社会ではごく当たり前のことだ。「良いか悪いか」や「普通か異常か」を判断し見分ける権利を、ボクの仲間たちに与えてくれている。

もちろん、とても慎重に考えて普通と異常とを橋渡しして、「グレイゾーン」を見る人もいる。その人たちは、展示された美術作品の中で、完璧に描かれたステキな女性の絵を評価する一方で、奇妙な絵を絶品だと評することができる。

君が開けし扉
暖かきその部屋
かの扉我が心にもあり
いざ扉を叩かん
さらなる暖かさを願いて
あな悲し　何処へか消え去りぬ

自分の行動がカキのところへ招かれない理由だと聞いて、ボクはとても動揺した。そこで、カキの家に行くときは夕方だと決め、「夕方のない日」という「新しい儀式」を編み出した。

「夕方のない日」というのがボクにとってどういうものか、説明しよう。ボクは昼と黄昏の間の時間である夕方の存在を、払いのけようとしたのだ。そのために、たとえ部屋に日が差し込んでいようと、午後三時になったら部屋の電気をつける。そんなことをするのは馬鹿げていると、母はボクを止めようとしたが、ボクはどんな制止も拒否した。「夕方のない日」は、他の人に認められないものであろうと、ボクにとっては「夕方のない日」なのだ。これは日を追うごとにますます儀式化されていった。

最初に母は、身体的な制圧と罰を使ったが、効果はなかった。そこで、三時になるとボクを外に連れ出し、道路を歩いて、バス停や市場や公園を回るという「彼女の夕方」を始めた。そしてボクに、夕方の空を見せ、色や埃や塵を反映する建物を見せて、太陽光の分散を説明した。

夕方の表情
黄金色と赤色
その中で待つ
陽が沈むのを
平和なる大地が
休みなさいと呼びかける
西に傾き
消えゆく光と共に

ボクは次第に、陽が沈み、夕方の空に包まれる大地や、市場でだんだんに白熱灯の灯りがともるのを、美しいと思うようになった。一か月に渡る夕方散歩は、ボクには効果的だった。「夕方のない日」は忘れ、夕方の散歩を待ちわびるようになった。

ある朝、母に散歩に行こうと催促し（ボクにとって大事な決まり事を変えてまで、いったい何が朝から散歩に行きたいと言わせるのだろう?)と考えた。母が「ダメ」と言ったので、その日ずっとボクは怒っていた。母は「自分で闘いなさい」と言って自分の仕事を続け、泣いているボクを独りにした。

僕は夕方を待つ
朝だというのに
朝が過ぎてゆく
僕の落胆と共に
おそらく朝には
なんの責任もない
僕の悲しみだけ
心得ている理由

ボクはたっぷり二時間泣いた後、「カキと話がしたい」と言った。母が延々と続く涙に耐えきれず、文字盤を持ってきて収束を持ちかけたのだ。それで、「カキと話がしたい」と指さしで応えた。
母はカランス博士に電話し、散歩にまつわるつまらない騒ぎの顛末を伝え、きょうは忙しいので、そちらに連れて行かれないとも話した。ボクは受話器を受け取り、カキが話すのを聴いた。ボクが喋れないので一方通行の会話だが、それが効を奏して、泣きは止まった。

長い間、ボクは図案と色に惹きつけられていた。インク色も明るく使い易いので、下絵用のスケッチペンを使うのが好きだった。母が最初のページに、模範となる図案を描く。ボクが同じ図案を横並びに四つ描き、残りのページを埋める。その美しさと繰り返しが楽しくて、すごくリラックスできた。

けれど、ボクのお絵描きは、図案を真似して描くことはできても、創作できないという欠点があった。三次元の図だって「想像」したし、頭で考えることもできたが、さらにそれ以上、自分のイメージを表現することはしなかった。というより「できなかった」。

何かと何故かの世界を超え
理由と現実を超えて
栄誉に囲まれ横たわる「抽象」
空想の奥深く見知らぬ処に！

（どうして他の人たちのことを考える？）（他の人たちはボクをどう思っているのか？）と自分に聴いてみた。ボクは自分を、二つのレベルで見ていた。一つは揺るぎない〝考える自分〟だ。それは学んだことと、憐れみ・楽しみ・満足など感じたことで満たされている。物に取り囲まれた中で、抽象概念を創り出すことだってできる。だが〝抽象概念の中にいる〟ということは、既により認識的な別の自分の中へ入ってしまっているのだ。

もう一つの自分は、行動している活動的な自分で、そこでは自己コントロールが効かない。それは異様で、行為のみが充満している。行為はそれ自体が勝手に拡がり、ボクの良心は、あれやこれやすべきではないと言うが、ボクの考えとは無関係だ。たとえば（他人の皿から食べ物を取るのはよくないのだが）、ボクの体自体が、その色や匂いや形に突き動かされて、何かを取ってしまうのだと思う。成長段階にあるときに周囲はこの子はマナーについて何も教えられて来なかったのだと思うだろう。

電化製品のこともその危険性なども充分に知ってはいるが、いったんテーブルの扇風機がボクを惹きつけると、それを触りに行ってしまう。当然指を切ることになるが、自分では注意を払えない。

二つの自分がそれぞれ独立していて、互いにやりとりすることなく孤立しているのだ。ここは強調しておかねばならない。

物を取ってしまう行動では、特にそれが食べ物だと、母がとても恥ずかしい思いをした。母は困ると必ず文字盤でボクに説明を求めるので、「知性は自分の貪欲に打ち勝つが、すべてを忘れて食べ物を取ってしまう」と説明した。

ボクらは、週に一度土曜日だけ外で食べることに決めた。母にとっても、「毎日の」調理がほんとうは好きではないから、有り難い時間を持つことになった。

母は「小ぎれいな」レストランを選び、ボクに順番を守り正しい姿勢でいるようにさせた。ボクが我慢できずに妙な身振りを見せて、周囲の望ましくない注意を引いてしまわぬよう、和やかに対話する練習を始めたのだ。待つのはとても難しかったが、母が常に自信を持たせてくれるので、ボクにはとても努力しやすく「見事な紳士」として振る舞い、母もボクを誇りに思った。すぐ側で他人が食べている、そういうところでの食事にも、慣れていった。市場に行って買い物もしたので、土曜日が楽しみになった。

こうしてボクは、店で何かを取ったり、路上の野菜売りからトマトを取ったりすることも、なくなった。母が何かを買うまでは待つことも、迷子になるといけないので母から遠くには行かないことも、きちんと学んだ。ボクが市場や人混みで耐えるには、練習と自信が必要だったのだ。

七歳を迎える頃

七歳を迎える直前に、ボクは初めて喋る体験をした。

いかにしてボクの「喋り」が始まったか、話を少し前に戻さねばならない。

あれは五月のことだった
カキの父上が重病
カキの心痛も計り知れない
最期のときが近づく
ボクは死を見つけ
涙がとめどなく溢れる
そうだ　ボクが挑戦しよう
それならきっと　カキの涙も乾く

「葬儀から戻ってあなたが喋ったと知ったら、どんなに嬉しいかしら」と、母も励ましてくれた。

一九九五年五月二十六日のことだ、カキはお父さんの葬儀のためにマイソールを離れ、少なくとも一週間は戻ってこない。

（今でなければ、二度とない）とボクは思った。（きょうでなければ、二度とない）と、もう一人の自分も言っていた。初めて二つの自分が対話していたが、「声」がまだ協力してくれなかった。

自閉症という問題が、声を選び出し喉のどこかに当てはめようとする個体とは、あまりにかけ離れていると感じさせてしまうのだ。声がどうしても見つけられない。ボクは泣いた。

母に泣いている理由を尋ねられ、死を思って泣いていると答えた。「でも、亡くなった人とそれほど親しくもないのに、そんなになるなんておかしいと思わない？」と、母が投げかけてきた。「自分のノートに書いたら？　もっとちゃんと説明できるでしょ」するとしばらくの間、ボクは、声を喉の正しい位置に当てはめるという問題を、忘れてしまった。

死について書く
逃げられるという期待の中で
問題と向きあうことだ
死によって問題は埋められる
しかし書き終わって
再び難題に襲われる

もう一人の自分があいかわらず（きょうでなければ、二度とない！）とくり返しているのに、「母さん、声が見つからないんだ」と、やぶれかぶれになってボクは言った。ランプに電源を差し込んだかのように、母にアイディアが涌いた。ボクにリラックスしてそこに座るように言った。

そしてまさに突然、イスに座っている僕の背中を押したのだ。なんの準備もなかったから、押された反射で口から空気が押し出され、「うわ！」という音が出た。

「ほら、声が見つかった！　これでもう、押されるたびに声が見つかるわよ」と母が言った。そして十分後、声を見つける過程がくり返された。それから母がコップの水をボクの前に持ってきた。「私が押すたびに、声を見つけて、『水をください』と頼んでごらん」最初の一押しでボクは「わ！」と言った。「私」の意味だ。二回目に押されて「わあ」と言った。これは「渡してください」の最初の音だ。三回目では「じゅー」と言った。「水」という言葉の最後の部分だ。今度は同じように二回押されて、「水」と言うつもりで「みゅー」と「じゅー」と言った。母はボクに水を手渡して、こうして欲しい物を手に入れるのだと教えた。そしてボクを押したので、「のみゅー」と言った。「飲み物」の最初の部分だ。次に押されて「も」と言うべきところを「みょ！」と置き換えてしまった。母は発音にはまったくこだわらなかった。息子から言語的な発声を引き出す術を見つけて、喜んでいた。

「2×5は何？」と聴いてボクを押し、それにボクが答えた後で「なんで、もっと早くにこうしなかったのかしら？」と残念がった。ボクは「10」のつもりで「じぃー」と言ったのだ。

その日の午後はずっと、母が必ず一単語で答えられるような質問をし、押されて喋るというやり方でそれに答えることをくり返した。

「3＋4は？」と聞かれて、数字の『7』のつもりで「しー」「ちー」と言う。二回押される必要があったが。

そのうち、トイレに行く前に今の状態を聞かれるようになった。一押しごとに「お」「しっ」「こ」「し」

「た」「い」と、「トイレに行きたいんです」という今の状況を言うようになった。当たり前だが、こうした簡単な文章なら、押す回数が分かるのだ。

翌日から二日間、絵を見て「誰が」「何をした」を読み取る練習に徹した。母は、「二つも三つも負荷がかかる長文」によって、ボクの喋る意欲がそがれることのないように、「なぜ」という質問はしなかった。

読者の皆さんに、こっそり教えよう。カランス博士がお父さんの葬儀から戻ってくる前に、ボクが再び意欲を失って「獲得した」喋りを止めてしまうのを、母は怖れていたのだ。だから、息子がいかにすばらしいところに到達したか、そして彼女がどんなに大事な動機を与えたか、そのままの状態を維持しようとしていた。

母はとても誇らしく思い、ボクの言語聴覚療法士アイシャ・カント・ルートだけには、この成果を打ち明けた。彼は「これは、一つの……?」という言い方で質問してきた。「これは何?」という質問にボクは飽き飽きしていたし、(幼稚な言い方だ)と感じていた。

厳密な文法で縛られていたりしたら、答えることになんの楽しみもない。

数日後カキが戻ってきて最初に母がしたことは、地元の電話局から彼女に電話して、息子の喋りについて報告することだった。そして、ボクが自分で喋ることを選択し、(その喋り方は、そうとうひずんでいるものだったが）言葉を引き出したと話した。けれども電話では、「押して言う」やり方については言わなかった。

後から分かったのだが、「押して声を見つける」やり方はボクにはとても助けになったし、ときには新たな音で答えるのにも役立った。明らかにそれは、声と答えにスイッチを入れるための、呼び水になった。最初の答えは一語文で、多くの手助けや選択を必要としなかった。質問者にとっては、「これは何？」「これは誰？」に対する答えだと分かる。しかし、何事も始まれば発展していく。だんだん「どうやって？」「なぜ？」と母が使い出した。一押ししては何度かうなずくのでは、答えるのに時間がかかる。そのうち押される代わりに、最後を待って言うようになると、母やアイシャは言葉をくり返すようになった。そしてボクは、次の言葉を続けて言うようになった。

ときどき途中で止まってしまうので、状態を維持する手助けが必要だった。最終段階の頃は、押す部位が体のどこに替わっても、助けになった。だが、これは、なんだかとても「不自然」なので、成長と共にこの習慣から脱却したほうがよいと思う。しかし徐々に置き換わって行くべきで、突然なくしてしまうのはよくない。自閉症には、いかなる突然の変化も、一種の失望や意欲減退を創り出すのだ。でも、すべての始まりはその後の発展に続くものだから、変化することもきちんと受けとめなければならない。

自閉症に関わる人たちに言っておきたい。同じシステムに則って行うこと、それが皆さんの向き合う相手には、例外なく確実に有用だ。ただその際、一連の過程にいかなる〝社会的慣習〟も入れないこと。

人が喋るために押されたりせき立てられたりするのは、〝不自然〟に映るだろうが、それがボクらには大きな助けになるのだ。

さらに提案したいのは、「言葉を持たない自閉症には、言葉のある自閉症よりも、より多くの刺激が必要で、〝優しい触れ方〟では、突然押したり叩いたりするほどの効果は得られない」ということだ。心理療法の方々も心配ご無用、軽い痛みを伴わせるからと、残酷な人間になるわけではない。痛みを通して相手を自分の体に気づかせ、ちゃんと機能するのを助けるのだから。

脚に羽ばたく鳥の羽があったなら
はるか彼方に飛んで行けたなら
すべての雲から雨粒を集めよう
この涙を洗い流せるように
して大空の青さを手に入れる
黄金色の陽の光と共に
僕の世界を希望の光で照らし
すべては夢想へと帰りゆく

こうしてボクは、七歳の誕生日を迎えることになった。

大地が露に濡れて
新たな朝が訪れる
東の空が輝き
ゆっくり着実に日が昇る
「誕生日おめでとう!」の声を添えて

ところが、七歳を迎えたとたん、残念なことに高熱を出した。母と二人で、喋れたことは父には内緒にしておこうと決めたから、父はそのことを知らなかった。帰って来たときに、きっとびっくりするに違いない、とボクは思っていた。父が帰宅する予定のその日、ボクは父の喜びや賞賛を期待していたが、高熱と口の中の痛みで目が覚めたというわけだ。

七歳の誕生日は、高熱でベッドに寝ているだけという、株価大暴落の一日だった。父はようやく深夜にマイソールに着き、帰宅した途端に熟睡してしまったので、息子が喋ったと聞くことはできなかった。

翌日になって聞いたが、それほど驚いたようすは見せなかった。さぞかし驚いた顔をするだろうと期待していたので、ボクはとてもがっかりした。

今にして思えば、父はおそらく息子が喋ったというのは聞き間違いだと、押して喋るという方法にもさほど感銘を受けなかったのだろう。けれども父は、まるまる一週間楽しめるぞと約束し、誕生日の埋め合わせにボクらを連れ出してくれた。お祝いの理由は、ボクが見つけた「声の発見」などではなく、ボクの生まれた日そのものだったのだ。

この安堵の明るさよ
長かりし戦いの日々
多難な前途に立ち向かい
険しき誕生日への道
歩みてのち熱意は冷めぬ
それゆえ我は飛ぶ
青く輝く陽の光を求め

「口述したことを書きとめる」という課題が、ムリナルというセラピストから出された。

ボクは文字盤が無いと、どんな文字も数字も書けなかった。

ごちゃ混ぜのアルファベットの中から、「A」を認識できないという意味ではないが、「A」の文字を要求されて、すぐにはボクの頭に「A」の図形が作れないのだ。

ボクはこの問題に気づいて、またまた困惑した。

練習、練習、さらに練習しても、何も解決しない。進歩したと思えるまでは、ノートのページがアルファベットで埋め尽くされる。

一つのことがその次を生み出すのだから、同じやり方で、数字も「思い出して書く」学びが続いた。綴りを口で言うのも、たとえば、「アシ（足）」「ハシ（橋）」「ナシ（梨）」など、まずは似たような言葉の音から始めた。ふつうなら綴りを学ぶものだ。

ここでの大きな違いは、ボクは綴りを学ぶのではなく、それを紙の上に置き換えることを学ぶのだ。

未完の世界が統一を待っている
不安と平和が同居する未完の世界
「僕ら」の理解と力量を超えて
それは粉々に砕け散る
僕らが逃げ込みたくなる心もろとも

この詩は、自閉的な心が高らかに歌っているのではない。僕らが引きこもる理由、逃げてしまう理由が、これなのだ。

どうして僕が自信を持ってこう言い切るか？　それは、僕がたどってきた段階ごとに自分自身の成長と進歩を味わってきた、その体験があるから言えるのだ。そして今この本を書こうとしているのも、まさに僕がその段階にいるからだ。

僕の物語は、当時のボクの物語によって語られる。

六歳までをふり返って

かつては手も他の身体部位もばらばらに感じていた自分が、現在は完全に「僕」とつながって、生きとした「僕」に統一された。あり得ない夢の世界にいる抽象的な存在ではなく、僕を通して理解しようとする人たちに向けて本を書くという、現実的な夢を持っている。

この本が、たとえわずか一隅にでも光を当てることができるなら、僕の夢も形にできるのだ。

いいや、僕はあいかわらず完璧ではなく、成長するには社会の協力が必要だ。

皆がボクらを避け、学校が受け入れを拒否したら、すごくつらい。そうした、社会からの拒絶に直面している仲間たちと同じ気持ちを、僕は毎日毎日味わった。はっきり言っておかねばならないが、それは僕らを見る社会の理解が足りないせいではない。そうではなくて、奇妙な望ましくない行動をしてしまい、社会的にふさわしい形で自分を扱えるようになる力が僕らに足りないからだ。

表現する力も状況によって変化するし、ふつうとは違うので、やっかいだ。僕は限定的な行動しかできず、心地よい感じのときは笑うか大声で騒ぐかになり、自分の手にあまる状況になると手を叩いて泣きわめいた。状況というのは一つとして同じものはないので、自閉症の心に不安をひき起こし、それが怖れとなり、新しい状況に耐えられない原因となる。

けれども、衣服であれ、食べ物であれ、場所やスケジュールであれ、変化にさらされることが、僕らの助けになるのだ。心地よくはないが、状況に合わせて自分の役割を理解し、受け入れられるようになるには、必要なことだ。

「喋るにはさまざまな声が出せなくてはならない」という、とても努力が必要なものを求められるが、僕たちにはそういう声の調整ができない。僕は幸いにも「声の発見」があったが、仲間たちはいくつかの短い語句や質問形を平坦な調子で言う。

僕はこれまでの成長段階で、いつでも自分自身の抵抗に打ち勝ってきたことを、とても誇りに思っている。

いつの日か、誰もが「ふつうか自閉か」ではなく、どんな他人も独りの人間でいられる、成熟した社会に成長していかれることを願う。さあ、皆で共に成長しよう。

そんな世界など
あり得ないのか？
愛と受容に包まれ
同情とは無縁！
もしも僕の物語が
あなたの心に届くなら
僕の「望み」は叶うだろう
なんという貴き報い！

声なき声で語る

どこかに

時のおかげで、僕は年齢が上がるにしたがって前に進める。この先も時と共に歩むために、僕の過去はその重さの中に埋めてしまおう。

ほんの二歳の頃に、自分の体がばらばらで統一されていないと気づいて、年齢に見合う完全体になろうとした。そして到達できたと思った。だが、いったい何をもって到達できたと思えたのか、未だに僕には分からない。笑ったり、がっかりしたり、期待したり、何より大事な満足を味わったり、いろいろな記憶を持つ二歳の子どもが、どうして到達したと分かったのか。今でも満足はつかの間で、それが真の満足なのかどうかの疑問が、すぐにそこから始まる。迷えば迷うほど、完全な迷路にはまり、ありもしない隅っこに入り込んでしまう。

ボクは確かにどこかに到達した、そして今の僕は、救いのないありもしないところから戻ろうとしているのだが、ここに問題がある。その到達したどこかとは、ちゃんと意識できて、はっきり定義できるはずだ。ありもしないところのように、果てしなく続き終わりがないものとは違う。ありもしないところを旅して、どう見ても行き当たりばったりなある地点で止まっても、やはりまだありもしないところにいる。終わりにできっこない。だから、僕の物語の中で二歳だったボクは、意識ではっきり定義できるところで、時計の針が動くのを見てカレンダーをめくっていたのだ。

埋められた過去が未だに、今のこの瞬間を嘲笑って、つらい記憶の亡霊として蘇る。その時、ありもしないところと到達したどこかが出会い、つかの間の満足を得る。でもその満足は、過去のたくさんの満足と、引き換えに得た物なのだ。

そして今も、過去の生き様が不等な重圧を加える。だから僕は、できるだけ過去をその墓場に埋めて、声なき声を、出し続けなければならない。そうすれば、「どこか」と呼ばれるところに立っていた自分を検証し分析できるのだ。

家探し

一九九六年二月のことだった。太陽は特に明るくもなく、陰ってもいなかった。いつもと比べて、特別な何かがあるわけでもない。いつもとまったく変わらない日だった。

ただ、僕の人生にとっては、間違いなく転換点となった重大な日だった。馴染みのある毎日の言語聴覚療法という安定と、これから直面する初めての状況という不安定との狭間で、どうするかを選ばなくてはならなかった。

僕の「どこにもいない」日々をずっと導いてくれていたプラティバ・カランス博士から、全国言語聴覚研究所を自主退職すると告げられたのだ。

母がやきもきして「今からどうすべきか決めなければならない」と僕に話しかけている間、僕の頭はパニックだった。何千もの「もしも」と「それでどうする？」が集まって、頭の中がごちゃごちゃになり、体は息つく暇もない状態だった。何もかも根こそぎひっこ抜かれた感じで、怖かった。もう、マイソールで得ていた安定した生活は失った。（このまま降参するなんて、できるのか）（研究所と培ってきた絆を諦めるのか）と、僕の心はひたすら痛かった。

けれども、僕がカランス博士に感じている絆は、もっとずっと強いのだ。僕は頭を切り替えた。博士が引っ越すであろうバンガロールに、僕も引っ越そう。

そうだ　停滞を選ぶより引っ越しだ
そうして　この運命を享受しよう
そうすれば　この気持ちも宥められよう
そっくり　過去を置いて行けるのだから

「ただちに、引っ越すわけにはいかない……」
「その時までに、住むところを探さないと……」
「ともかく、戻らないと……」

母が次々と思いついては、どうすればよいかをまくしたてるので、母とカランス博士とで交わす話が僕の思考を邪魔した。でも母の表情から、母が精一杯頑張っているのがよく分かった。

母は、待つことをしなかった。翌日にはもう、僕らは始発電車でバンガロールに向かっていた。母は到着するまでの間に、少なくとも十二名はいた乗客に、なぜ僕らがバンガロールに行くのかを説明した。全員が自分の連絡先を教えてくれ、手助けを約束してくれた。母の熱意が皆をそうさせたのだ。母がたった独りでこれをやってのけたのを、僕は知っている。

僕らはバンガロールの地図を買い、空いていたベンチに腰かけて、どこから着手するかを決めた。地図にはたくさん気になるものがあったが、少しするとその中に、興味深げにこちらを見ている三対の目を見つけた。母が地図を折りたたんで、僕を連れてバンガロールの町に向かって歩き出した。約束を交わした町が、僕を手招きしていた。

不安定という罠

まもなく、家を探すのは「一日仕事」ではないと気づいた母が、マイソールとバンガロール間の定期券を購入した。

カランス博士は既にバンガロールに移っていたが、僕が「ほんとうに心が満たされる家」を見つけるまでの間、週二回研究所で会ってくれて、退職後も変わらぬ愛情を注いでくれた。

ワクワクとドキドキが連続の一か月だった。カラスたちよりも早く起きて、さっさと入浴を済ませ服を着て、始発バスに乗るために外に出ると、バスは朝靄に包まれた街路灯の光の中を、毎回忠実に僕らを駅まで運んでくれた。

僕はこの不安定さを、好きになり始めていた。というのも、ボクらを待ち受けていることの中で、何が「可能」で何が「不可能」かを推測できると発見したからだ。そこで三時間の長旅の間、この旅を共にしているのは、どういう人たちなのかを推測した。たとえば（僕が手を振り続けている間、興味深げに僕を見ていたハゲ頭であご髭のおじさんは、この後忙しい一日を過ごすのだろうか？）というように。

この魔除けが、効果を発揮していった。同じ服、同じ道を好み、新しい状況になると自分を見失っていた幼い頃のボクとは、まったく違う感じだった。未知のものを推測したいという、この新しい欲求を利用しようと決意した。

（隅っこに腰かけているあの人は、何を考えているんだろう？）

（あの足の太い人は、なぜあんなにしょっちゅう腕時計を見てるんだろう？　なぜあれほど落ち着かないんだろう？　遅刻したら、社長から怒鳴られるのかな？　ちゃんと、列車が遅れたせいだと言うのかな？）

推論と疑問で頭がいっぱいになって、新たな罠に落ち込み、ときどきそれを追い払おうと手を振ると、母が懸命になって窓外の木々を僕に見せようとした。そして、また手を振らないようにと、重い荷物を僕の手に持たせた。

荷物の周りに仕掛けられた罠が見えて、それが荷物を通して車両全体に拡がり、やがて列車をはるか彼方へと向かわせてしまう。以前と変わらず、不安定さの罠はあった。世界は、不安定さの罠で覆われているのだ。

家庭

僕らは、ちょうど二日前にバンガロールへ引っ越したばかりだ。バンガロールは二人にとって新しい場所、家はうちの予算内で決めた。

それまで毎日バンガロールとマイソールを行き来し、家を探し続けた。ほんとうに、誰の手助けもなくそれをこなすのは、容易なことではなかった。

「息子さんはふつうじゃないわね。うちに泊めるわけにはいきません」宿の女主人が、ぴしゃりと決めつけるように言ったのだった。「この子は、どなたの邪魔もしませんと」と、母は説明しようとした。

僕も心が痛み、文字盤を指さして、誰の邪魔もするつもりはないと言ったが、信用されなかった。

だからといって、喋ろうとは思わなかった。かつて自分の声を見つけたとき、喋るには体に触れてもらって励まされることが必要だった。僕の喋りも明確ではなく、多くの人は僕が言ったのか、母が仕組んだことかと戸惑った。だから、見知らぬ人にはめったに声を使おうとしなかった。今、女の人に僕の文字盤を無視されて、すごく傷つき腹も立った。絶望して手を振った。

「ほら、ふつうじゃないわ。ふつうの子がこんなことをするのを、見たことないもの。どう転んでも、私の気持ちは変わらない、もう帰ってちょうだい」

母は、一からやり直しだった。道のはずれの不動産屋に行って、案内されるままに見て回った。不安定さの罠は僕の行くあらゆるところにあり、その罠にかかって僕は推論しているのだ。

ついに家が見つかり、僕らを歓迎してくれる大きな心と出会った。この家庭には情愛がある。ビハールで仕事をしている父が来て、僕らの横で荷物の出し入れや移動をしてくれて、とても大きな情愛に満ちた場所になった。

不安定さの罠は、消え失せた。

「アンヴェシュ」という学校

バンガロールの街は、奇妙な調和があった。非常に伝統的であるかと思えば、一方で、僕がこれまで見てきたどの都市よりも近代的だ。どこかに行くたびに、どちらかに合わせなくてはならない。自分なりに、自分自身を確立しなくてはならない。でも確立する前に、受け入れなくてはならない。まず受け入れなければならないのは、学校だ。

カランス博士が、僕と母をその学校に連れて行ったとき、表札に「アンヴェシュ」とあった。見たこともない、変わった名だ。子どもたちは、劇の練習のようなことをしていた。それよりも注意を惹きつけられたのは、隅っこにある井戸だ。のぞき込んでみて、とっさに身を引いた。円形の手すりの中に、僕の頭の周りを取り囲むように、はるか彼方まで拡がる丸い大きな空が映し出されていた。両手を波のように揺らして、僕の影を奥深く招き入れていた。僕は学校にいることを忘れた。学校が奇妙な名前だったことも忘れた。周りからの興味津々の目も、校長先生が受け入れを少しためらっていることも忘れた。

翌日また来てみるのはどうかと、誘われた。僕は、他の子どもたちが教室で座っている間中、井戸をのぞき込んでいた。

「新入生さん、いらっしゃい、教室に行きましょう」と、校長先生が僕を呼びに来たが、僕は動かなかった。どうして動かなかったのか、自分でも分からない。けれどもこれだけは憶えている。母やカランス博士の声には馴染んでいたが、その他のどんな声にも反応することはできなかった。僕は、校長先生が教室まで連れて行ってくれると思っていた。先生は、そんな僕の期待には気づかなかった。依然としてそこにギャップがあり、僕は受け入れる練習のチャンスを失ってしまった。

僕が適応していないのだから、井戸を訪れるのは諦めなければならなかった。もう絶対にその影をのぞくことはないだろう。

響きわたる鐘の音
井戸の奥に潜む影

結婚式

「結婚式には行きたくないよ、母さん」母に僕の不快感を説明しようとした。それぞれが違う波長を持った大きな集団に、対峙しなくてはならない。既に親族の中でも、僕が奇妙な人種だという評判は知れ渡っていたし、彼らと会うのだと思うと、ますます不愉快だった。あらゆることで何か起きそうだと、不安だった。

「私も、どうしようもなく不安よ」と、母が話し始めた。「私にはたった一人の兄弟なのよ。私が行かなかったら、とてもがっかりするわ」

「息子を選ぶか兄弟を選ぶか、なんだね」と、僕は脅した。

「何年も息子のためにできるだけのことをして来たけど、三日間だけ兄弟のためにしたいの」と、途中で僕を遮って母が言った。

結婚を控えた叔父は、思っていたよりも温かく迎えてくれた。オートバイで僕に街を案内してくれて、そのうち二人なりのやり方で関わるようになった。周囲のことはどんどん好ましくなっていったが、それは、結婚式での出来事が起こるまでのことだった。

参列者全員が、ともかく母の生活に関心を向けていた。

「ああ、神さま！　自分の体を大事にしなくちゃ、息子の面倒をみるのと同じように、自分のことも気にしてやらなきゃ」

母だって、快くなかった。僕を脇に引き寄せると、気にしないようにと言った。

（そんなことできないよ、母さん、どこか他のところに行って、どうするか教えてくれよ）

僕は説明したかった。いつだって自分をきちんと保つ必要があると分かっていたが、やるべきことがあるときに、自分をどうしたらよいか分からないのだ。なんらかの行動をしなくては、自分が失われてしまう。

（こんな大勢の中で、どうやって説明すればいいんだ？　そこらの雑誌でも眺めていてくれ）答えはシンプルだが、行動は僕にとってはそうシンプルではない。僕はどうにもならなくて、その場を走り回った。

世界はどこも忙しい
けれども僕は怠け者
ヒトという種の資格はない
異なる姿をした思考なのだ

父が鎖に繋いだイヌを引くようにして、僕の体を引っぱって連れ戻した。その混乱の中、親族の中でも好意的な人が、僕の手相を見ようとした。彼の言葉は、それ以上何も起こさなかった。まったく何も変わらず、「病気である」「精神的な病だ」というレッテルがつけられた。

（そうだ、これ以上の表現があるだろうか？　そう、詩を書くとしたらなんと書く？）

世界は、僕たちのような存在ではなく、社会性のある存在に適した場所なのだ。母も、やはり社会的な存在だ！　僕の、長い長い「三日間」が終わった。

シャンティ

「なぜシャンティさんに会わないのですか？」「マラソーマ精神発達障害支援学校の校長ですよ」と、母に助言する人がいた。母はやぶれかぶれに、その学校を探した。僕は、（どんなところだって……、どうせ誰にも受け入れられっこない）と、やけっぱちになっていた。

「あら、あったわ」と母が言い、僕らは「マラソーマ精神発達障害支援学校」に行った。子どもたちは外で何か運動するかを学んでいた。ちゃんと一つの集団になっている。僕はマイソールにいたときに、どうやって運動するかを学んでいた。たとえば誰かが「1、2、3、4……」と言うのに従って、体の一部を動かすのだ。『1』の次は『2』が来るし、『2』の次には『3』が続くと予想がつくから、どんなゲームより簡単だ。『1』とか『2』とか言われたとき、手をどう動かすかは、あらかじめ知っているのだ。

僕は「ああいうことは嫌いじゃないな」と母に伝えた。実際、どんなことも受け入れるだけの覚悟はあった。

シャンティさんの部屋に入った。彼女は僕を見ても、なんのためらいもないようで有り難かった。はっきりさせておこう。僕は誰とも視線を合わせない。けれども、人がかもし出す身体言語に現れる一瞥は理解できる。「自閉症は身体言語を読み違える」と読んだことがある。だが僕個人は、人の態度にはふつうよりずっと敏感だ。誰かが興味深げに僕を見ていると分かると、不安を覚える。僕の体が即座に反応して多動になり、ストレスを追い払おうと両手を振り始める。

シャンティさんは、僕を見るのになんの疑問も持たなかったので、僕は有り難かった。僕に、腰かけるように言った。またまた感謝だ。

「この子の入学を許可してくださいますか？　この子は自閉症です」母が、単刀直入に言った。

「お名前は？」と、シャンティさんが僕に尋ねた。有り難かった。彼女は僕について話し合うのではなく、僕と話そうとしたのだ。そして、文字盤を使って、僕は彼女と話をした。

囁きかける夜のごとく静かな貴婦人
貴女の灯りの下へ連れて行ってほしい
貴女の言葉に静けさを見つけよう
その言葉と信頼に敬意を

シャンティさんが「ヴェロニカ・マティアスさんを紹介しましょう、彼女なら、きっとお役に立てますよ」と僕らに言った。

囁く貴婦人

月曜日のことだったか
火曜日だったか
水曜日だったかもしれないが　どうでもいい
それは朝のことだった
太陽が明るく輝き
僕の思考が生まれ変わる　永遠に

母と僕を歓迎するかのように、門が開かれていた。母は、けっして入るのをためらってゆっくり歩いたのではなかったが、歩みがさらに遅くなった。僕が先行して、母は後からついてきた。僕は歓迎されていることを受けとめるのだと、すごく張り切っていた。これまで、間違っていたわけではない。

母がふうっとため息を吐いて呼び鈴を押す間、僕は木のドアについた真鍮のノブを点検していた。家主の女性がドアを開けた。これまで誰かの顔を見ることなどなかったが、僕の知らない女性だった。けれどその声は、まるで囁くように優しく聞こえた。

耳に届く希望の囁き
なぜにはっきりこだまする
心のうちを明かすなら
そっと抱きしめてくれまいか?

その家は、本に溢れていた。ここにも本、あそこにも本、至るところに本があった! 僕はあちこちから本を取り出した。イスが八脚とソファもあった。こっちのイスに座ってから、気が変わってあっちのソファに座ったりした。いろいろなことを試して、自由に飛び回る鳥のような気分だった。

この点も、はっきりさせておきたい。なんの制限もなく広々とした状況だと、いつでも僕は、選択が難しくなるのだ。(どこにいたらよいのか、何をするのか、自分をどのようにしておけばよいか、何もかも選べというのか)その結果、そういうところでは多動になる。空気中にある微粒子のように、だだっぴろい空間の中で不規則に動き回る。そういう状況全体に圧倒されてしまうのだ。本、イス、窓、囁く貴婦人、大好きな緑色の壁、好ましい物だらけ。

その後、おお神よ、その人は僕の詩を見つけた。しかも神よ、そのうちのいくつかを読んでくれた。さらに神よ、僕を信用してくれた! そしてさらに大きな感謝を持って神よ、僕らはとても親しい友になり、後にはそれ以上の存在となった。

今　貴女のその目を見る
我が幼さが悔やまれる
ああ、ヴェロニカ・マティアス

二日間の待機

「この詩をいくつかコピーさせてもらってもいいかしら？」マティアスさんが母に言った。

僕の詩に、敬意が表されたのだ。まさに、この時のために書かれたようなものだ。そういう時のために、もっと書かなくてはならない。そして行動しながら自分を保つために、もっと「この時」が必要なのだ。

「あの人のところへは、いつ行くの？　母さん」僕は尋ねた。「水曜日よ」と母が答えた。「それで、もしもあなたの学校が見つからなかったら、ビハールに帰ることも考えなくちゃ」と、母は、「何も間違ってはいない」と落ち着いたそぶりで、つけ加えた。母が悩んでいるのは分かっていた。それはそれは悩んでいた。母はまだマティアスさんを信頼できなかったのだ、それにまだ月曜日で、水曜までには、二日

あった。母は月曜日も火曜日も僕を外に連れ出し、あちこちの道という道をあてもなく歩いた。母には
それが必要だと分かっていたので、僕は邪魔しなかった。
実際、僕は、物音や色に溢れた市場を楽しんでいた。

びっしりと露店が立ち並ぶ道
競い合うように行き交う人や物
聖なるウシが優雅な佇まいで
慰めるかのような視線を送る
トマトやタマネギ、キャベツたちの
赤や緑が鮮やかに歩道に溢れる
朝から晩まで活気みなぎる市場
あらゆる物が若々しく蘇る

水曜日の朝が来て、母から空模様が怪しいと告げられた。まるで僕のための空のようだ。そこに到着できるかどうかを知っているのは、時だけだ。それでも、「囁きかける女性」が僕を待っていてくれるのは、分かっていた。

僕の心にある密やかな想い
何事があろうとも会いたいと願う
当たり前のように時は過ぎる
長い「二日間」が終わった後も

学校探し

マティアスさんが、特別教育の学校をいくつか案内してくれた。まさしく、どこも専門性が感じられた。最後に、僕らはカルナータカの発達障害センターを訪れた。大きな門が懐の大きさを物語るかのように中央の広場に続き、そこにいる子どもたちはどの子も「何かがない」のだった。すぐに自分と同じだと思った。クリスナシュワミ校長は、たぶん事務所だと思われる居心地のよい部屋で、テーブルを前に座っていた。マティアスさんが、僕に紹介してくれた。その人とやりとりするのは、とても心地よかった。受け入れられたのだと分かった。

マティアスさんが、本物の人間に引き合わせてくれたのだ。その人は、僕をただの興味ではなく、独りの個人として敬意を払ってくれた。

あまりに鮮明に蘇る記憶
「声援の学校」での初日
過去の日々があればこそ
今このキャンパスにいる

自力書字

プルニマ・ラオが僕の担任だった。どこで、どのように始めるかが、彼女の問題だった。

僕は学校に受け入れられたことで、ただただ幸せだった。ブランコがあり、ジャングルジムがあり、遊べる空間がたくさんあって、自由に飛び回れる。

だけど、学校は学校だ。

学校には、規則があるものだ。

僕はこれまで躾けられてこなかった。自由に飛び回る鳥など、どんな生徒にも期待されてはいない。僕は、行ったり来たりする動きに連れて、顔に当たる風を感じながら、ブランコで揺れるのに夢中になった。

「さあ、私を捕まえて！」と、初めにプルニマさんが親しみを込めて僕に呼びかけた。「自由な鳥」は気にも留めなかった。僕が降りるまで、どんどん呼び声は高く大きくなっていった。初めて聞く声の呼びかけで新しいことをするには、それがどんなことであれ、手助けしてもらわなければできないのを、思い出してほしい。

やがてプルニマさんは、僕と関われるようになった。作業するために着席するのはもちろん、書字ができるようになるまで、ぶれることなく一貫して僕を助けてくれた。僕が自分で文字を書くとなると、皆さんは、それを左から右へ読んだらよいのか、右から左へ読んだらよいのかと、心配されるだろう。でも信じてほしい、そこは絶対に自信がある。

何週間もかけて毎日のように、直線を折り曲げたり曲線をくねらせたりして書けるように、僕に練習させてくれた。僕はいちいち自分流にやってしまうのだが、それを消しては、もう一度書き直させた。もう欲求不満の連続だが、効果的だった。やり遂げるまで連携が必要なので、家でも母が同じように練習させた。

プルニマさんは、こんな人だ。

たぐいまれな決然たるやり方で
あなたのたゆまぬ授業は続く
できるなら優しさを見てみたい
あなたが隠し通してきた優しさを

教室での初日

教室での初体験は、ひと言で言えば、混乱させられることだらけだった。僕は今まで、教室というものを見たことがなかった。僕の知っている教室といえば物語の中だけで、それも母が自分の学生時代を語り聞かせてくれたものだ。支援センターの教室は、座席の配置も規則的ではなく、厳格な感じではなかった。一見したところ、ここでも自由な鳥でいられそうだった。

実際、僕にとっては何もかもが違うので、そこでの自分の役割も分からなかった。だから僕は、まるでそこには誰もいないかのように、先生も生徒たちも無視して、本棚に並んでいる本をめがけて部屋を横切った。

僕のクラス担任は、ギータ・シャンカールさんだった。僕を座席まで連れて行ってくれたが、僕としてはしぶしぶ座っただけだった。というのも実際には、まだ体の準備ができていなかったのだ。

こういう状況で着席するのはとても難しくて、もっともっと練習する必要があった。毎日のように繰り返される僕自身の抵抗に立ち向かうというのは、それはそれはたいへんなことなのだ。

ギータさんが、小さな数から大きな数を引くという、マイナスの答えを求める算数課題を提示した。以前母から教わっていたので、僕は十五分間だけ惹きつけられたが、すぐにまた部屋を歩き出して自由な鳥になった。(少なくとも教室では自由な鳥は歓迎されない)と僕が理解するまで、ときどき母が僕と一緒に着席していなければならなかった。

「クラスはどう？」母が訊いた。

「まごついちゃうよ」「車椅子はおもしろそう、僕も座ってみたいな」と答えた。

パソコン操作

「さあ、触ってみて」僕がマウスにどぎまぎしているので、再度注意を促された。プルニマさんが僕の隣に座り、僕らの前にはパソコンがあった。僕はそれを見ようともせず、一緒にやるつもりがないことをはっきりと示した。僕のような自閉症の人たちには、よくあることだ。どんなことも初めてのことには、体のシステムで拒絶するのだ。

二人の石頭同士が出会うと、そこに歩み寄りの道はない！　僕らはそこで座り続けた。彼女は僕を見つめ、僕は目の前の板に出ているマークを、（目か鼻か？　いやたぶん何でもないのだ）と考えながら、見つめていた。

プルニマさんが、もう一度くり返した。

すると、なんだか興味深いことが起こった。モニター画面上に、僕が映っているのだ。（なんで気がつかなかったのだろう？）不思議だった。僕のようすを観てみると、そこに映っている自分を見ている僕がいた！　彼女がスイッチを入れると、スクリーンが明るくなり、それが消えた。僕がもう一度スイッチを切った。彼女は再びスイッチを入れ、それから「スイッチを切ってみて！」と促した。

ところがそのときはもう、僕は別の興味に惹かれていた。キーを押すと、文字の列が打たれるのだ。「すごいゲームだ」と思った。二つの石頭が、ようやく一致したのだった。十分間のブランクの後に、ついに妥協が成立したのだ。

はるか昔の日々のようだ
過去の彼方の中にある
なのに今でも生き生きと
心の中で永遠に

ヴィジャヤ・プレマさん

クリシュナスワミさんは、「母のみが教師」という僕の学習法を、他の先生に分散させていかねばと感じていた。ヴィジャヤ・プレマさんが僕を特別クラスに入れて、物語を語り、関わってくれた。

僕は声にとても敏感だった。どんな新しい声にも驚かされ、適応するのに時間がかかった。たいていの人はいらつき、諦めたけれども、常に根気よく目的を明確にして同じ調子で話してくれれば、徐々にその声に合わせられるようになる。

ヴィジャヤさんは、根気強かった。時間割通りに毎日やって来て、ゲームのような活動から、授業が始まる。ジグソーパズルや記憶ゲームなど、活動はさまざまだった。ときには、クレヨンと紙で色塗りもした。絵を描くとか、色を塗るということになると、僕は自閉症でもありその能力からいって、とても表現が乏しい。何も指示されずに紙と鉛筆を渡されると、同じ車、同じ木、同じ長方形を描くばかりだった。頭に浮かんでいるイメージを、図形として紙に置き換えることができない。

それでヴィジャヤさんは、ページにたくさん描かれた四角形に、僕がその場で気ままに選んだ色で、色塗りをさせようとした。

僕は、常に彼女の存在と声から学んでいた。彼女が教科書の一節を読む。僕は「すべき」と「すべきでない」ということばかりの、教科書の馬鹿げた文章は、いつだって嫌いだった。ただ、読み聞かせられる話はちっとも有り難くないが、彼女といるのは楽しかった。

僕は、文字盤を使って、彼女とやりとりするようになった。僕は、もう一人別の人間と会話できるようになり、目的が達成されたのだ。

ラケットを使う

「さあ、このラケットを持ってみて」と母が促した。母は、テニスやバドミントンのような、バット以外の物でボールを打つことを、教えようとしたのだ。

母が望んでいることを理解するまで時間がかかったし、初めての挑戦なのですごく難しかった。ものすごく集中して、体を維持しなくてはならないため、僕はちっとも積極的になれなかった。手に持ったラケットのせいで、体の均衡が崩される感じだ。重い右手に合わせねばならず、ラケットを持っていようとすると、どうしてもそれを握っている力が緩んでしまい、手から落ちるたびに母が拾い上げて僕に握らせる。その間は、何かを持っているというより、一カ所にとどまっていられないので歩き回っていた。

母は片手を僕の肩に置き、もう一方の手を添えて、僕と一緒にラケットを持った。僕の握り方が弱くなりそうになると、後ろから僕をかかえた。そして壁に向かって、ボールを打たせた。ボールが跳ね返ってくるとまた打たせた、何度も何度もくり返した。

初めてボールが打てたのは、ただ母が打たせただけだったが、だんだん分かってきた。僕が自信を持ってきたので、母は、手を添えて握らせていた力も、肩に置いた力も緩めた。

そこには、一本のラケットだけがあった。母は、ラケットの代わりに、表紙の固いノートを持ってきて、僕がボールを打つ壁の前に立った。僕の手にはなんの制御もなかったので、ボールは四方八方に飛んでいった。母は、ずば抜けたアスリートになって、僕がボールに集中している間、あちこちを跳び回った。

それから僕は強くボールを打ち、ボールはどこかに消えた。「構わないわよ」と母は言い、ノートのページを破って、ぐしゃぐしゃに丸めてボールにした。

こうしてテニスかバドミントンか何かの、最初の練習は終わった。

自分の指令通りに

『体がずっとぐらつかないようにするには、どうやって自分を扱えばよいのか？』このことは何度も述べたが、僕の感覚では、「体は頭だけで出来て」いたり、「足だけで出来て」いたりする。何もしていないとき、統一された完全体であると感じるのが難しいのだ。

それを感じるには、ときどき自分の頭をこづいたり、叩いたりしなくてはならない。もちろん、生理学的には、随意筋と不随意筋があるのは知っている。手や足が随意筋で出来ていることも、知っている。しかし自分でやってみたが、（鉛筆を持て）と指令を出しても、それができないのだ。かなり前に、唇を動かすよう指令したけれど、できなかったのを憶えている。

このことを母に質問してみたが、母には「答えられない」と言われた。だが来月になったら、「その」

目標に向かって一緒に着手できるだろうとも言った。母もやはり、問題があると感じて悩んでいたのだ。

「さあ、自分で命令するのよ、私が手伝うから」母が指示するのはシンプルなことだが、それが自分の体だと感じられるように母が肩に触れてくれながら、その課題をこなすのだ。

僕は（鉛筆を持つぞ）と、自分に言った。

目の前に母が五つの物を置いた。母が肩に触れて、僕は鉛筆を取った。

「いいわね、毎回〝持つ〟という言葉を自分に言いきかせてから、この五種類の物を取るのよ」と、母が言った。

自分に指令を出すことも、持つという言葉も、指令通りに行為をすることも学んだ。

次の言葉は「そのままで」、次は「投げる」、次は……という具合に進んだ。少し後になってから、感覚統合療法が僕のさらなる進歩を助けてくれた。

感覚統合療法

感覚統合療法。これは、あらゆる感覚を一緒に働かせるように助けてくれる。

僕には明確な問題があった。音に集中すると、僕の目と鼻はシャットアウトされる。すべてのことが、同時にはできない。つまり、皆さんを見るのと同時に、皆さんの声を聴くことができない。僕の

「聴覚」は、常に「視覚」よりも鋭い。これが、誰にも興味を持って注目できない理由だ。心理学者は、それを「視線回避」と呼ぶ。

本からの学びによって、周囲は木と空気と生物と非生物……、あれやこれやで創られていると言えるのだが、僕は孤立した感覚源から受け取った、断片的な世界を知っているだけなのだ。

僕がちょっとはマシに言葉を使えて言語を学べるのは、好ましいと見えたり感じたりしただけの曖昧な想像によって、聞き取る力のおかげだ。

作業療法士のシュブハンギ・デユルさんは、僕がそれを克服できるように、根気強く精一杯手助けしてくれた。セラピーでは、空間での体の位置に合わせて、ぶら下がったり、登ったり、弾んだり、転がったり、飛び跳ねたりする活動を通して、感覚に気づけるような運動をした。

そうして、自分の体に気づきやすくなり始めた。

いったん体に気づくと、それが楽しくなる。楽しくなると、それを味わうようになる。いったん味わうようになると、もっと巧くこなせるようになる。今すぐにでも、白ではなく黄色いシャツを着て、見映えよくしたくなる。僕も、それ相応の歳になったら口ひげを生やそうかと、考えたりした。

とにかく、あらゆる力が、母が教えてくれた生物学の知識の通りになり、すべての変化が楽しめるようになったのだ。

でなければ、僕がたどったような変容過程は評価できない。

読むことを学ぶ

バンガロールにいた頃から、ラクシャーさんが僕の言語聴覚療法をしていた。僕が読むことをしたいと思うようになったのも、彼女のおかげだ。僕の学びはすべて「聴いて理解し、それを記憶する」という手段に限られていた。主な情報源は母の声だ。僕が長時間同じページに目を向けていられないので、母は参考書や物語の本から、あらゆることを読み聞かせするしかなかったのだ。

けれども、僕らは機能性をもっと向上させなくてはならず、今いるところにとどまってはいられない。ラクシャーさんが、僕が読めるようになるのを助けてくれた。この体のシステムを持った僕をどう応援すればよいかは以前にも述べた。そんなことは露知らず、ラクシャーさんが最初にしたのは、「僕と一緒に合唱するように音読する」ことだった。それはカランス博士の助言で、僕が自分の発する言葉に注意を向けるようにするためだった。

彼女が読むと、僕はその速度に合わせて、何も考えずに同じ言葉を言わなくてはいけない。徐々に集中力が増して、注意散漫にならずに、同じページに目を向けていられるようになった。

母も家で同じことをした。毎日七ページ、母に合わせて音読し、一か月の間に二百ページの本を読んだ。今では、手助けがなくても自分で本が読めるが、誰かが一緒に音読してくれたら読み易いのに、と思う。ラクシャーさんは、それを通して達成感を持たせようなどとはこれっぽっちも考えず、僕の読みを助けてくれたのだ。

現在の立ち位置

今、僕は二年前に比べてずっとよいところにいるが、さらに成長しなければならない、それは明らかだ。未だに僕は、母や担任のギータさんに脇にいてもらわなくてはならない。それは行動を助けてもらうためではなく、自分の言語と会話力をきちんと維持しておく環境設定のために必要なのだ。確かに、僕にはもっと社会性が必要だ。これを常態化させるのだ。

そして今でも（答えを求められているときはなおさら）、聞き慣れない声についていくのが難しい。まさに今、それに取り組み始めているところだ。母はたいてい声に出して質問を繰り返す。そうするとその声への体勢が整うので、ようやく僕は理解するのだ。

不明瞭なために多くの人には通じないが、僕は喋ることができる。でも、喉の扉を開けて喋り出すには助けを必要とすることがある。母はそのとき、触れている手を揺らしてくれる。あと一年くらいで、そんな助けも要らなくなると良いな、と思う。

僕は、自分の考えにふけると、今も手を振ってしまう。けれど、それを口に出すと止まる。大好物が目の前にあったり、母にとてもばつの悪い思いをさせてしまったりすると、今でも自分の行為をきちんと検証できない。「何が」きまり悪い思いにさせたのかが分かれば、残念ではあっても、自分が成長できたと思えるのだが。

なんといっても、常に僕の夢が達成できるように励ましてくれる、多くのすばらしい応援者のおかげで、僕はずっと楽観論者でいられる。だから、かつて上り詰めたかったが実際にはどこにも行きつけない「階段上の夢」ではなく、「いつかは自分で自分の人生を歩む独立した人間になる」という夢を、これからも持ち続けていかれる。

夢は始まり　夢は終わる
夢に頼る　夢を見るゆえ
真実の夢　無意味な夢
喜びの夢　傷みの夢

僕のこれまでをふり返って

未完の物語ほど、やきもきさせられるものはない。また語り手にとっても、どう結末をつけたらよいか分からないとき、それが自分自身の物語の場合はなおのこと、満足が得られず落ち着かない。なんらかの終わりはあるだろう。間違いなく結末といえるのは、まさに最期に息をひきとろうとする瞬間だ。おそらくその瞬間には考えることがいっぱいで、人生のすべてを書くことなどできないだろう。だから、僕の物語がどう終わるのかを語ろうとしても、けっして完全にはできない。

八歳で「声なき声」の章を書き終えたとき、これで完成と思っていたので、何か書き加えようとは思ってもみなかった。これからも続く人生が、最期に息をひきとる瞬間まで、もしかするとその後も僕の物語が続くのだと、僕に教えてくれる。もしかすると、それは初めて息をする前から始まっていたのかもしれない。なぜなら、かつて僕が気づいた通り、どんな出来事にも原因があるのだから。ということは、僕の不完全さにも必ず原因があるのだ。もしも僕が皆さんに、「なぜこの地球上で、僕が自閉的な人間として生き、皆さんが正常な人間として生きているのか」と尋ねたら、皆さんはなんと答えますか？

偉大な伝導者たちが説くように、神の目には万人が同じではない。それでいいのだ。そして常にそのご意志の通りに行われますように。だから僕の物語がどのように終わるかも、やはりそのご意志にある。そこには、僕の希望と夢の舞台上に創られた推測しかなく、この本には登場しないのだ。

僕に見える希望と夢は
僕の力量をはるかに超え
ますます夢が思考を占め
ますます膨らみ発展する

思考の木

1 思考の木

周りは真っ暗。夜かもしれないが、昼間かもしれない。太陽の暖かさを感じないので、僕にはどちらとも決めかねる。その暖かみを感じたときだけ、僕には昼間だと分かる。だから、誰かがやって来るだろうと思い、それに備えられる。

一瞬一瞬が、やって来ては去って行く。けれども長く待ってはくれない。そして期待していた瞬間になると、それに圧倒されて、何をしようとしていたのかにたどりつく道を忘れてしまう。だから、これまで過ぎていった過去のように、あらゆる瞬間を消してしまおうとする。結局、それらはどこへ行くのか？　どこか誰にも見えないところへ行ってしまい、すべては現在の瞬間にあるだけだ。

けれども僕は知っている。自分の思考を探りあてようとするたびに、必ず僕にやってくる思考の中に「どこか」があるのだ。この僕の思考が与えられたのだと気づくと、即座に「かの」声がはっきりと蘇る。

この思考をそなたに与えよう
これこそがそなただけである証
他の誰もそなたのようにはなれない
その名を思考の木と名づけよう

このときから、僕は自分の名前を知った。僕の知らない誰かが、まさにこの思考を僕にくれたのだ。僕にはその人を見ることもその人と喋ることもできない。だから、その人が誰なのかは、誰にも訊けない。だが、僕は想像することができるし、希望を持つことも期待することもできる。痛みを感じることはできても、泣くことはできない。だからじっとそこにいて、痛みが鎮まるのを待つ。待つこと以外、何もできない。

周囲の静けさが、夜であると教えている。僕は昼間を待つ。

2　カラスの飼い主

僕がどのように見えているのか、知りたいと思う。疑問に思えば思うほど、終わりのない推測で頭が疲れ切ってしまう。僕の枝は幹からどんどん遠くに伸びて、葉が生い茂り、皆に日陰をもたらすのも事実だ。だから、暑い日の午後は、独りぼっちにはならない。太陽がその暖かさをまんべんなく大地に注ぎ、地球上のあらゆる物を目覚めさせ、生命が息づき、風に揺られて塵が舞い跳び、僕の枝にカラスが止まるとき、僕は昼だと思うことができる。

「ああ、カラスの飼い主がやってくる頃だ」と分かる。カラスの飼い主がやって来て、僕の木陰に陣取り、ハミングしているのが聞こえる。気分がよければ、その鼻歌は大きくなる。昨日は、それが静かだったので、悲しいのだと分かった。僕も悲しかった。なぜそんなに静かにハミングするのか、尋ねたかったが、僕はただの思考の木だ。この思考が与えられ、希望を抱くことも、想像することも、愛することもできる。しかし尋ねることはできない。僕の関心と疑問は、僕の奥底のどこかにある罠にはまる。たぶん僕の根か、樹皮か、僕の範疇にあるすべての中にあるのかもしれない。僕には分からない。

僕は彼を知っているが、ほとんど何も分かっていない。だから、ただ想像の中で作りあげる。彼はカラスに情愛を込めて呼びかけ、しまいにはカラスたちがちょっとケンカしたりして、日中はたいていカラスで埋め尽くされることになり、僕はひたすら考え続ける。なんで彼の表情はあんなに愉快そうなのだろう？　彼が何かを食べるのか、カァカァ鳴く鳥にすべてを食べさせているのか？　どちらなのか僕には分からない。

もう彼が誰だろうと構わない、下方に伸びた枝と生い茂る葉で、涼ませてやろう。彼が温かい息をしながら、僕の足下で横たわっているのを実感する。

彼は眠っている。

3 そして辺りは夜

夜空の星たち
身を震わせてまたたく
はるか遠くの空で
願わくばこの光景の中で
その光を見ながら
震える星たちと話したい

陽が沈み、地上は深い贖罪の中で静けさが拡がっていき、生命は涼やかな西風の息を吸う。僕の枝に茂る葉たちがひっそりと不平を言い合い、鳥たちが巣へ戻って眠りにつき、どこか遠くの夜空が鳥たちをやじるとき、僕の厚い樹皮さえも貫く星の輝きを感じられる。

疲れを知らない僕は、けっして眠らない。僕の葉たちが暗い夜気に息づいている中で、僕の思考は働き続ける。

肌寒い体でのろのろと、ざわざわと音をたてながら、僕の足下を、は虫類が横切る。僕はその動きが羨ましい。どんな動きを見ても、羨ましい。いったいどこへ行くのか？

のろい動きは、どんな獲物にも向かっていないと教えている。おそらく、闇の中を散歩する夜行性のゆえではないだろう。僕は想像しながら、ついて行く。

そこには耕されていない土地が拡がり、一日中哀れなヤギの鳴き声がこだましているというのに、家を捨てて僕の右側へと横切って行くのか？　小さな村がある東に向かって荒野を横切るのか？　それとも、地球に共振して震えながら列車が通る、そんな鉄道が走る道があるのか？

いつもと変わらず拡がる夜の間中、僕は考えに考える。僕の思考と同様に無目的な僕の心に触れようと、夜空の星たちが光を落とす。僕の心はそれを拾い集め、僕の体を通して奥底の本体にまで拡げる。大地が僕の本体からそのすべてを吸い込み、星たちの息づかいを味わう。

4　幸せな男たち

男たちの幸せが拡がり
歩んできた道を包み込む

太陽が午後も半ばを過ぎたと知らせる頃、僕の木陰にときどき男が数人集まってきた。たいていは五人くらいだが、ときにはそこに二、三人加わっていることもある。

幸せそうな楽しげな笑い声に包まれて、遠くから波が寄せるように、確かにこちらにやってくる。彼らが来ると、僕は歓迎しなくちゃと自分を整える。彼らには、世界中が笑いに弾んでいるかのような、穏やかな幸せが溢れている。

たとえ僕を応援する風が吹いていなくても、僕は自分の枝と葉をその活力に共振させようとする。もちろん、助けとなる風も無く枝や葉を揺らすには、そうとうな努力をしなくてはならない。だがそれは、幸せな男たちが僕の木陰で談笑するのを、まだ僕の心がちゃんと受け取って認識していないせいだろう。

彼らはワインを持ち込み、ゆっくり飲み交わし始める。僕はそれに、楽しく耳を傾ける。けっして磨きあげられた演出ではないが、そこに巻き込まれてしまう。だが、そのやりとりに悪態が混ざってくると、声が大きくなり、冗談が軽蔑に変わり、それが決めつけとなって、やがてはケンカになってしまう。彼らが飲み交わしていた、魔法の液体のせいだと思う。

誰か一人が歌い出す。次の人がそれに合わせて、手拍子を叩く。すると三番目の人が、僕の太い幹の周りをふらつきながら踊り出す。その間に、他の誰かは飽きて眠ってしまう。五番目の男は、皆を見つめている。空になった瓶がそこらに転がり、よろめく足で蹴とばされる。

僕の葉が互いにぶつかり合って、ずうっと彼らに拍手喝采を送っている。

太陽が、幸せな男たちをそのままに、地上を休ませようとゆっくり沈んで行く。空瓶を転がったままにして、彼らがだらしなくふらついている。辺りには、汗と酒の匂いが漂う。次第に彼らの足音が小さくなっていき、他の音と混ざり合い、地上に再び静けさが戻る。
僕の思考も、それについて行く。

5 生きている世界

全世界そのものが生きている
そしてあらゆる生命を生み出す

世界そのものが呼吸し、そこから生命が生まれる。僕のように思考もするのだろうか？　そうだとしたら、どこにその思考をとどめているのだろう？

ときには明らかに、世界も自分の考えを持っていると、思うことがある。見せてくれるものよりも、ずっと多くを持っていると分かる。今の状況に満足でそれを邪魔されたくないと思うなら、分かっているなどと宣言する必要はない。

自分自身に満足しているなら、そのときだけでも、片隅にある平和に浸っていられる。そこには過去に眠っている村から、放牧されていたヤギたちの群れがやってくる。動物たちの哀れな泣き声が優しい風に乗って、僕の葉たちも互いに声を震わせながら音をたてる。

大地も聴いている。僕には分かる。僕の奥深くにある本体で感じるのと同じような、何ともいえない満足を味わいながら聴いている。けれども、けっしてその満足を他の誰にも見せることはない。なぜなんだ？　その満足が僕らの周りの至るところにあったら、そっくりそのまま取り込んでしまう。自分の心の中にある善し悪しに関わらず、保証書をもらったようなものだから、何も判断せずによいこと悪いことを受け入れてしまう。それが痛みも伴っているなどと、けっして見せてはくれない。どこか奥にある深い満足を楽しむことは、ほんとうに保証されたものなのだろうか？

けれども、僕には痛みも感じられる。あの過去に眠っている村で火事が起きて、その火が建物にまで燃え拡がり、生まれたばかりの子牛が逃げる母親について行けず、絶望する母親の前で火に包まれ、母親が子を最期まで呼び続けていたら、僕は、大地が大きな悲しみのため息をつくのを感じるだろう。

その一方で、僕の葉と枝が風も無いのに身を震わせるのは、どうしてなんだ？

ここにいても火の匂いを感じるから、僕もやっぱりため息をつく。何にも考えることなどなければよいのに、と思う瞬間だ。大地と同じように、僕も無力感いっぱいになる。僕がため息をつくと、僕の枝のどこかの巣にいる小さなひなが目を覚ます。今度は優しくしてやろうと、僕は自分に誓う。

燃えた大地の心にある村。

6 アリたち

忙しそうな小さき者たち
一日を精一杯に

アリたちは、朝からずっと我が身を忙しくさせている。僕の幹を上へ下へと這い回り、種をまき散らすために開いた果実に向かって、僕の枝をつつく。

アリは匂いに引き寄せられて、熟した実を見つける。彼らの安定したスピードは、生命の絶え間ない流れのようだ。その長い生命の糸が熟した実を見つけ、次の長い生命の糸が降りてくる。同じ目標に向かうように組織化された生命が、創られている。

熟した実の分け前にあやかろうと、どこからか敵対するアリの一軍が現れると、そこに戦いが生じる。戦いはなかなか終わらない。互いに押したり引いたりを続けるばかりだ。その動きが、烈しく僕をくすぐる。けれども、それは大事な戦いなのだと、僕は知っている。

僕のような木たちも、闘っている。思い返せば、彼らが僕の足下に居すわろうとすると、警告のために僕は何本かの枝を払い落としたものだ。ところが、這い回る者たちにはその警告が理解できない。すべての植物が思考する木ではないだろう。思考がなければ、判断することなく本能が働く。だが這い回る者たちが生き残るのは、ある日やって来たヤギに踏み潰されてしまうまでの、せいぜいあと二、三日の間だ。

果実がアリで覆い尽くされる。嚙みついているのが、僕には分かる。痛みがあまりに大きいと、僕はそれを振り落とす。アリたちも一緒に振り落とされる。僕がもうそれを感じなくなるまで、上ったり降りたりする生命の糸が、ゆっくりと細くなってゆく。

7 風が吹く日

一日中風が吹く
並外れて強い風
その中で見つめる
失われた小さき生命

先週、とても風の強い日があった。僕の全身に風が吹きつけている感じだった。風が威力を見せつけて吹きわたると、根こそぎ持って行かれるような恐怖で、僕の枝にある巣がぐらぐら揺らされ、巣の中の小さなひなが互いに身を寄せ合って、僕の枝は巣を守ろうと闘い、世界が一つの混乱の場となっていた。

埃が舞い上がって空中に混乱が起こり、おとなしくしていたヤギたちが、あちこちで群れになって互いに追いかけ走り回る。空ではどこからか来た雲が今にも雨を降らそうと拡がり、巣ではひなが逃げようとして、中には地面に落ちてしまうものもあった。

小さくきしむ音が、僕には聞こえた。ひなの足が折れたのが分かった。けれども僕には、助ける術は何もない。その日は、一日中僕の周りを風が吹きつけた。もう僕の枝は持ちこたえることができなかった。終わりだ、降参するしかない。

二本の枝が折れた。その一本は、揺れを感じると同時に、きしむ音が消えた。枝の頭が落ちたのだ。その重い枝の下で、小さな命が消えた。恐ろしい罪の意識にさいなまれて、僕の体は傷ついていたが、痛みを感じることなど未だにできない。

今すぐにでも、思考を捨ててしまいたい。風が高笑いをして、雨も降り出した。僕の涙も、少しは洗い流された。きっと、死んだ鳥の体に落ちた滴が、血に染まった雨の水たまりを作るだろう。そしてその水は、血に溢れた痕跡など残さず、少しずつ本来の色を取り戻すだろう。

皆が信じようが信じまいが、誰にも知られないまま、怯えた二羽のひなと壊れた巣と共に、僕は生き残ってここに立っている。

8 大地の心臓

どこでも感じる大地の心臓
中核の奥深く
どこか遠くで息づく
はるか太古の昔から

僕の根が、大地のしっかりとした安定につかまって立つと、地中の奥深い底にあるどこかで、何やら動くのが感じられる。かすかな波紋が根に伝わり、深いところのどこかで脈打つ大きな地球の心臓に気づく。叶うことなら、僕の根をもっと深くに潜り込ませ、大きな心臓に触れてみたい。でもできることには限りがあるし、僕の力にだって限りがある。すべて超越は、境界線上にある。だが想像するときは、僕の思考に限界はない。奥深くに触れるには、どのような時間的制約よりも速く境界線を超えることだ。ところが、時間にもやはり限界がなく境界線はない。その一方、境界の中で起こる出来事には限界がある。だから我々は、出来事の長さを、通常の時間で設定されたものさしで測る。僕に言えるのは、大地の大きな心臓は、非常にゆっくりと脈打っているということだけだ。ものすごく長時間かかるのが、その証拠だ。最もかすかな波紋さえも捕まえようと、注意深く自分の根を張りながら待っていないと、継続して動いているとは分からない。

推測できることは、大きな心臓が、生命の息づかいを遠くへ遠くへ、その生命の根幹があるところまで、どこまでも遠くへ運ぶということ。そのために、僕の根を、石を、ヤギたちが群れる広野を、その上を吹きわたる野性の空気を通して、全領域に渡って、生命の根幹を膨らませ、縮ませ、循環しているということだ。生命の大きな呼吸がますます成長し、空まで届いて飛び交う鳥たちや浮かんでいる雲にさえ、行きわたるのが想像できる。

僕の中で思考が連鎖の罠にはまり、カタツムリも、人も、木も僕の葉たちも生命の呼吸と合わさり、その同じ呼吸が生きとし生ける物すべてに伝わるのが、感じられる。

9 推測し期待する

大空がはるか彼方まで拡がり
そして至福で満たされる
けれども思考の断片で
失った景色を推し量る

僕に思考を与えてくれた人に、視覚の贈り物について尋ねたかったと気づくことがある。思考が僕に与えられて、その瞬間それに圧倒され、感謝することさえすっかり忘れてしまう、そんなときだ。僕がそこに存在し、過去も存在していたと知っていながら、ただそこに立ち尽くしてしまう。ほんの一瞬前まで、自分自身のことさえ何も知らなかったのだ。

だから、この思考の贈り物を手にすると、自分は思考の木で、以前からそうだったとようやく分かる。だが、なんとか見つけようと懸命に努力したものの、僕の過去は自分にも明らかではない。思考はなく、記憶も残っていない。だから、誰かが決めたある日に僕は生まれたのだと、学んだ事柄に頼るしかない。あるいは、鳥のくちばしから僕の足下に落ちた種が、僕を立たせているのかもしれない。おそらく僕の葉はヤギたちから逃れ、自分については何も知らずに、僕は大きくなったのかもしれない。

ああかもしれないし、こうかもしれない。でもきっとこうだ。澄んだ空の下に立っている僕に言えるのは、自分がどう見えるか知りたいということ。たくさんの陽の光を浴びていると感じるから、澄んだ空があると分かること。そしてその空は、ヤギたちが群れる広野で弧を描いて飛ぶ鷲の甲高い声からも明らかなように、澄みわたっていること。周りの空気からも、澄みきっていることは明らかに分かる。だが、僕がどのように見えるかを想像できないように、澄んだ空がどう見えるかを言うことはできない。またその人が来たら、視覚の贈り物について聞いてみよう。

来ないのではないかと心配にもなるが、期待もある。来てくれるかもしれないし、来てくれないかもしれない。
ああかもしれないし、こうかもしれないが、きっとこうだと期待するしかない。

10 足音

足音が遠くに近くに
目覚めている限り耳に届く
しごく明瞭に響くかと思えば
見知らぬ訪問者が親しげに訪れるかのように

なんらかの期待、記憶、疑い、熟考、願望などで、思考がいっぱいになって立っていると、僕には足音が聞こえる。足音がそこら中にある。現在のものもあるが、記憶の奥から聞こえてくる足音もある。ときには、ごく最近聞こえた音と混じって、謎めいた足音のオーケストラになることもある。

それはヤギの足音、群れをなしたヤギの足音、幸せな男たちが踊る足音、あの過去からやってくるウマの足音（そのウマの乗り手は、今カラスの飼い主がいる僕の足下でよく休んでいたものだが）、僕には分からないがなんらかの理由で乗り手を殺した兵士の足音や、繋がれてなんとか逃れようともがくウマの忘れられない足音などだ。

その動物は助けを求めて大声でいなないた。ウマは僕の幹に繋がれ、逃がしてやることもできない。あの過去にいたヤギの群れは、けっしてこの道にはやって来ない。ウマの飼い主が二度と目覚めることもないだろう。飼い主からは解放されたが、彼が生きていた頃に繋いだ綱からは、自由になることはできない。僕も無力感に襲われる。

ウマは、宿命は運命をも圧倒するのだと理解して、ついに諦めた。その飼い主の体はどんどん悪臭を放ち、たくさんのジャッカルを引き寄せ、その体の上には、食べようかどうかとまだためらいながら鳥の王者たちが乗っている。ウマは空腹と喉の渇きをかかえながら、侵入してくるどんな獣からも三日間身を守っていた。

とうとうウマが静かになり、ジャッカルとハゲタカの足音が、少しずつ近づいてきた。

11 春

はるかなる過去の霧の中から
あの人の声がすぐそこに
時の迷路で見失ったはず
でも僕の思考には聞こえる

彼女が友だちを連れてやってくると、僕の下方の枝がふわふわと揺れた。彼女が飛び上がって、綱の片端を僕に巻き付ける。最初うまくいかなかったので、友だちと一緒にクスクス笑った。手首や足首につけた飾りがくすぐったくて、クスクス笑いをしているかのように聞こえた。彼女が、もう一度挑戦する。そのたびに、腕や足の飾りが互いに鳴らす音がする。それができるまで、彼女は諦めず、何度も何度も挑戦した。

ついに成功した。友だちが呼んでいるので、僕には彼女の名前が分かった。けれども、僕は彼女に、特別な名前をつけた。その人を、春と呼ぶのだ！

あなたがいるところ　春のよう
勇気づけること　春のよう
かもし出すもの　春のよう
親愛なるあなたの声

彼女の可愛らしさは分かっている。漂いながら飛び交う塵もどこからか集まってきて、できれば雨の滴で彼女に触れたいと願う雲を抱く頭上の空も周囲のすべてを巻き込み、誰もが魅了されてしまうのを、僕は知っていた。

彼女は、雨が落ちてくるまで、そこにとどまることはなかった。いつだって、やって来たときと同じように突然、去ってしまう。揺れる綱も、友だちも、くすぐったい腕や足の飾りも、その陽気な声も、一緒に引き連れて去っていった。

僕は空をとがめ、時をとがめたかった。だが、彼女が来てくれたことに、充分満足していた。僕の下方の枝が彼女を求めて高く伸びるが、空までは届かない。

僕は、翌日の喜ばしい瞬間を待った。そして大地が春を待ち受けている間、大嵐が辺りに降り注いだ。

12 虚ろな足音

彼を知る魂はない
彼を好む魂はない
ときには僕も同様に
その存在さえも疑う

彼の疲れた足音が、かなり長時間歩いていたことを物語っていた。疲れた足音は、痛々しいほどのろかった。彼らは歩くために歩いている。疲れた足音には二種類ある。一つは、どこかに向かって歩いている。方向性がある。

もう一つの疲れた足は、ただ彷徨っている。彼らの足には中身がなく空っぽだ。思考が何も求めていないからだ。思考が何かわけの分からない考えを取り込んでいるのか、完全に空っぽなのか。

そこにはほんとうに何にもないのだと、僕には感じられた。その一方、どうして何も決めずに歩くのだろうか？　どうして、そんなに懸命に小石につまずきながら歩き、何も起こらないのに、今もなお歩いているのだろう？　イヌが来て吠えたら、追いかけようとはしないのか？

彼は疲れていた、村があるあの遠い地からやって来たのだ。けれど、彼はきっとそこに馴染んでいなかったのだ。彼はどこにも馴染まなかった。だから、どこにも行くことができないのだ。

その息づかいは、悲しげどころか幸せそうに聞こえた。もちろんそれでも、そこには何かしらの虚ろな重みがある。彼が歩くと、それにつれて虚ろな息づかいが聞こえ、イヌが近づき過ぎないようについてきた。

彼が僕の近くにやって来て、僕の根元をゆっくり歩いて行った。それはそれは大きな衝撃を残して。僕に気づかない唯一の人間だった！

辺り一面に拡がる空気
その重たい息づかいに
大地が静かに横たわり
虚ろが充満する

13 サル

僕の花が枯れて実をつけ始める頃、どこからかサルたちがやってくる。彼らは群れを離れたヤギが点在する野原を見降ろす、廃屋の屋根の上に座っている。九匹はいるだろう。年によって、二、三匹くらいのこともある。

父親、母親、若者、従兄弟、叔母、姉妹から赤ちゃんまで、皆一つの家族だ。

最初は、そこに何かあるかと点検するために、廃屋にやってくる。彼らはそこら中あちこちにレンガを投げる。若いサルは父親の真似をして、すぐに覚える。赤ちゃんは母親にしがみついて、こわごわながら、年長者たちがレンガを狙い投げるのを尊敬のまなざしで見つめる。

レンガが地面に落ちるたび、身を寄せ合ってひそひそ話をしているのを、僕は立って聞いている。置き忘れられたレンガも、空っぽの屋内や半分壊れた屋根のあちこちで、互いを見つけだし密談している。

その屋根は、四年前の夏の嵐で壊された。おじいちゃんザルがまだ子どもで、母親にしがみつきながらそれを見ていたのを、僕は知っていた。

その夏の嵐のときは、サルたちが僕の枝に来ては、恐怖で僕にしがみついていた。最も勇敢なサルでさえ、びしょ濡れの体で僕につかまっていた。

吹き荒れる風
大量の雨
猛烈な嵐
溢れる地面
大きな雨音
勇敢な心を打ち負かす

震えるサルたちが僕の枝にしがみつき、雷のすさまじい轟きで空き家を壊すまで、その小さな心臓の烈しい鼓動が続いていたのを、僕は感じていた！

一時間続いた雨がやみ、「何も悪いことは起きていませんよ」と言うかのように、太陽が顔を出した。

僕の幹はずぶ濡れで、サルたちが次第に降りて行くのが感じられた。彼らは、まだ建っている壊れた屋根の建物に向かって、注意深く歩いて行った。

けれど、これは四年前のことだ。毎年夏の間を僕の枝で過ごすために、何匹かの新入りを伴って彼らはやってくる。

サルたちは僕の枝のそこら中にぶら下がって遊び、心のうずきと食べかけの果実をまき散らし、〝サル言葉〟でお喋りし、身振り手振りを互いに教え合っている。

カラスの家族は、別の住まいを見つけようと去って行く。

14 冬の夜

知覚と忘却の賜物
夜のただ中で
失ったものを探す
それに心を奪われ
自身の苦境にはまり込む

日中ヤギたちが点在していた広野を、長い冬の夜が覆うと、大地のため息に冷たい風が吹きつけ、一片の霧が出て次第に辺りを覆い、それが廃屋を呑み込み、僕の葉は寒さに震える。きっと長い夜になるだろうと、僕には分かっている。僕は、足下に辺りの冷気を感じながら、その場に立っている。もう二度と、年老いた世捨て人がやって来て灯りをともして暖まることはない、と僕には分かっている。地球上最も年老いた人、その人が来なくなった今も僕はまだ生きているのだ。

今年の冬の夜も、僕は独りで過ごすことになるだろう。年老いた物乞いでさえ、陽が沈んでから金勘定をしにやってくることはないのだから。

誰とも喋らないのになおそんなに賢い、その年老いた世捨て人は、いったい何歳だったのだ？　僕の折れた枝に触れて痛みを和らげようとしてくれたときに、僕には彼の聡明さが感じられた。その理解ある触れ方は愛に溢れていたので、その後僕は大きな安心感に満たされた。長い冬の間中、彼は僕の根元にいた。

彼の声を聴いたことはなかったが、雷に共鳴するような声だと、僕には分かっていた。

皆さんはそんな声かと意外に思うかもしれないが、想像ではどんな極端な世界へだって行けるのだ。想像は、あらゆる可能性に対して開かれている。皆さんも、雷のような世捨て人の声も想像できるし、その声が長い間風に乗って旅をし、霧を通り抜けて大地の果てまで響くことも、想像できる。

ときには、その〝世捨て人の〟声が、この思考を僕に与えてくれたので、そんな想像をするのかと思うこともある。そうなると、僕の一連の思考は、さらなる思考の網へと繋がり、どこまでいっても終わりがない。

だがどこからともなく、彼の年齢について〝謎〟の核心が涌き出てきた。きっと彼は大地と同い年なので、大地と似たような呼吸をしているように聞こえるのだろう！　ならば、僕の考えを、可能性を跳び越える前に戻そう。霧がすべてを覆い隠し、僕を現実から夜の不条理へと追いやったのだ。

15 聖なる木

毎年必ず一度
雨上がりの晴れわたる空の下
ここにいる僕が崇拝される
遠くの村から訪れる彼女たちに

雨季が終わって新緑が野原に拡がりヤギたちがやってきて、空がそこら中の大地を日の光で黄金色に輝かせ、カラスの飼い主が楽しげに歌う。そして幸せな男たちが高らかに笑い声をあげ、小さなリスたちが追いかけっこして走り回る頃、こうした日々の中でまた僕が崇められる一日があると知っている。

女性たちは、重金属の宝石と真鍮飾りを身につけ、それが互いにぶつかり合って、ガチャガチャ・ピカピカさせながら、あの過去に眠る村から僕のほうへやってくる。僕には、腕や足の飾りの音や、若い女性たちがクスクス笑うのが聞こえる。近づくにつれて、その声がどんどん大きくなる。

若い声、年配の声、そして最年長の声は若い声ほど笑ってはいない。

僕はどんな儀式も積極的に参加はしないが、心の準備はする。なぜなら、この種の美徳で、僕が聖なる木だと考えられているのを知っているから。おそらく、この辺りでは僕が唯一の聖なる木なのだろう。だけど、すべての女性が僕のところへ来るのはなぜなのだろう？

皆が僕の幹にヒモをつけ、僕とその周りに水を注ぐと知っているので、僕はその準備を整える。皆が僕に花を捧げ、その恩恵を求めるのだ。

それから、一人ずつ来ては僕への祈りを囁く。それで分かったのだが、最年長の女性は去年息子を亡くし、誰も面倒を見てくれる人がなく、僕に死の恩恵を求めたのだ。僕は、彼女にその祝福を与える。またこれも聴いていて分かったのだが、若い女性は幼い娘を連れていて、家族の繁栄を求めたのだった。彼女にも、祝福を与える。

そして、ある日分かったことだが、ある人があの唯一の春と恋に落ちた。彼女は近いうちに村を去るだろう。それが、彼女が翌年も、それから後も来なかった理由だ。僕は永久に彼女を失った。彼女にも、祝福を！

その日は僕にとって特別な一日であり、それを楽しみにしている。

きっと周りのどんな木でもない
彼女たちの心を知っているのは

16 枯れた葉

神のみぞ知る僕の樹齢
毎年葉は落ちて失われ
忘れ去られた太古の昔から
失われたそこに新しい葉が育つ

どの年も、枯れた葉が無くなるときがくる。大地を熱くする夏が過ぎ、東からの風が吹き始め、僕の葉たちが乾き始め、やがてすっかり枯れて、カラスの巣が姿を現し、ヤギの群れが小石や小枝をその巣めがけて蹴散らす頃、僕は新しい葉を迎える準備をする。

風が一吹きすれば、枯れた葉の半分は吹き飛んでしまい、失う悲しみを味わう暇もない。皆さんもはっきり気づいたときは、そんなことを期待していなかったなどと思い出すこともなく、次の準備をするだろう。心の準備をしておけば、物事を許容できる。どんなことにも、強い主張など感じない。来る年も来る年も、「獲得と損失」「誕生と死」を僕は見てきた。僕は、どの葉も一年間だけ揺らしてやれるのだと知っている。それが僕に期待されることなのだ。

僕の茶色く染まった葉は生命の最後の精を失い、僕は放してやる。午後になると、カラスの飼い主がやってきて、死んだ葉たちをかき集めて火をつける。風がそよぐたびに、僕はその暖かさを感じる。むき出しになった枝たちが、熱から身を守って縮こもろうとする。だが熱の一部が僕を貫き、どこかに隠れていたほとんど乾いた涙の滴を、僕の心の中から探し出して乾かす。

カラスの飼い主が調理しているのが、匂いで分かる。その煙は、風に乗って神のみぞ知るところへ運ばれる。

やがて、神のみぞ知るところから、たくさんのカラスや野良イヌがやってくる。丸裸の枝たちは、カラスのカァカァ鳴く声でいっぱい、そしてさらに鳴き声が多くなる。

カラスの飼い主が、鼻歌を歌いながら火をあおぐ。

17 ジプシー

過去の孤独な時のどこかで
一瞬の罠に落ちる
最後まで残る記憶と
僕の心のため息

できることなら「記憶がずっと鮮明に残っているのは、この孤独な立ち位置にいるせいだ」と言いたくて、何度も何度も、現実の僕の存在は単なる記憶に過ぎないと、考えてみた。

空き家があるところよりもっと遠くの、群れから離れたヤギたちのいる広野に、ジプシーがキャンプしている。幸せそうだったり、騒がしかったり、お喋り、言い争い、太鼓が鳴る音、馴染み薄い調子の歌声、ふざけたりクスクス笑ったりする声などが、キャンプから聞こえてくる。そして、旧いテントから漂う匂い、お菓子や、飼いイヌ、埃にまみれた子どもたち、生まれたての赤ちゃん、調理する匂いなどが、大地に拡がる。それらを感じると僕は、そういう自由に生まれたジプシーたちほど、幸せなことはないと思う。

ある冬の日に今年は例年よりも温かくなるだろうなと思う、淡い期待に似た感覚だ。そうすると、歩く力があったらよいのにと思い、夢がどんどん願望へと変わる。

自分が、どんなところにでも歩いて行ける、ジプシーの木なのだと夢見る。毎日事件が起こるわけではないから、多くの人が僕に驚いて逃げて行くのを夢見る。僕が、とある町の大忙しの市場に歩いて行って、道ばたで大きな混乱を招き、パニックになったり、怖がられたり、驚かれたり、おもしろがられたり、信じられないと言われたりするのを、夢見ることもできる。自分がカラスの巣を載せたまま、あるいはサルの一団を引き連れて、歩くのを夢見ることもできる。どんな夢だって見られる、夢に限界はない。そして、ジプシーにも限界がないのだ。大地は、どんな夢をも包含して、果てしなく拡がっている。

けれども時は経ち、確実に冬の終わりがやって来る。彼らは、匂いと、笑い声、太鼓の鳴る音、馴染みのない歌声、言い争いなどと一緒に、幸せの名残りも、広野に残して去って行った。

未だに、時の罠にはまることなく、僕が孤独を感じる瞬間には、夢に彼らの記憶が消えずに残っている。

18 もしも…、そしてたぶん…

今この時に我はあり
ひたすら思考に満ち満ちて
行く末に我を誘うこの思考
過ぎ去りし時にもとどまる

僕は「不変の思考」で、別の言い方をすると、覚醒もしているし夢も見る。けっして終わることのない、欲求や希望や記憶や夢の鎖がある。それらの一部が融合し、〝たぶん〟と〝もしも〟という可能性を持つ、新たな薄光を創り出す。

もしも高い枝の上にあるカラスの巣が、日の光を浴びてもっと暖かくなったら。あるいはもしも、カラスの飼い主が午後ではなく午前中にやってきたら、そしてカラスが餌を探しに巣を離れる必要がなかったら。もしも世界中のカラスが、僕の枝にとまっていたら、ひどい混乱が起こるだろう。もしも彼らが共同の巣を作り、カラスの村を作ると決めたら、幸せな男たちがやってくる村のようになるのだろうか？

もしもが、やがては、たぶんにつながる。

たぶんこうかもしれないし、ああかもしれない。そうなったら、たぶん太陽は、熱く輝く飛び交うカラスに見えるのかもしれない。たぶん夕方になると、巣に戻るかもっと遠くの木に行くのかも。たぶん遠くの木があるところでは、けっして太陽が休まず涼しい木陰が無いので、カラスの飼い主がやってくることもないかもしれない。たぶんその木はとても暑くて、夏の間中どんなカラスの巣も作れず、サルたちが訪れることもないかもしれない。

あらゆる　もしもそうなったらと
たくさんの　たぶんこうかもしれないで
密かな思考のままに立つ
ただの思考の木

ティトの物語より

これから紹介する詩は、ＢＢＣテレビのドキュメンタリー、
インサイドストーリーシリーズの、
ティトとこれまでの人生を特集した番組で、
放送されたものです。

詩　1

皆には僕のすることすべて謎
それぞれの医者がさまざまな専門用語で語る
僕はただただ分からない
表現できるよりずっと大きな思考
感覚の罠にはまった行為しかできず
起こる出来事は次々と限りなく
結果が次の結果の原因を生み出す
だから僕は分からない
状況が変わるたび時について考える
想像の力を借りながら
存在しない場所にさえ行かれる
美しい夢のようなところ
だがそれは不可能に満ちた世界
不確実性に向かってひた走る

詩　2

一瞬の間にいろいろなことが起こる
あれやこれや
あれとこれの一部だったり
これの全部だったり
あれは一切起こらなかったり
あれの全部が起きたり
これはまったく起きなかったり
重要だと思うかどうかによりけり
あれやこれや

詩　3

昨夜ウシを見ていて考えた
いったいどこで平穏を手に入れたのだ
やってくる車に平然と向かって行くなんて
ヒトが守る交通規則を嘲笑うようだ
神聖なるウシに危険など無縁
神を乗せているわけでもなし
おまえのせいだと言われても
ウシはまったくおかまいなし
この国では狂牛病も流行らない
ウシはただただ道の真ん中を
船が行き交う海に浮かぶ孤島のように

詩 4

青色について考え
黒を忘れようとする
必ずどっちつかずになり
そのくり返しで
もうどうしようもない
かたや気づけばなぜに僕は回転する
体の回転は
何かが思考と調和する
遠心分離機となり黒の思考が吹き飛ぶ
ますます回転が速くなり
黒を追い払える
最後に残ったシミまでも
確実に追い払えたら
今度は逆回転

青の思考を引き入れる
どのくらい考えたいかによりけりで
さらに考えたいならますます速く
けれどもそれほど速くなく
換気扇程度なら
いつ止めるのかが問題だ
体が散り散りになってしまう
再度の合体は至難の業

詩　5

むかしむかし
そこには何も無く
神は退屈してしまった
あらゆる物を創ったが
やがて飽きてしまう
あらゆる物が完璧なので
少し歪めてみよう
そこで僕のような者を創った
思考を失った者と人は言う
遊び場でブランコに乗っているから
先生の声が空中にこだまする
周りを石鹸の泡が飛ぶように
揺られてそれで遊ぶのではない
波に揺られて飛び交うさまをただ感じたい

教室から出て外を歩くたび
言葉の尻尾がついてくる
文字が並んで出来た言葉
まるでアリが這うように
規則正しく列になり

詩　6

日曜日　外に連れ出される
そして　月曜日も
街中の通りや　あちこちの道路
どの通りも　どの道も
物音や色彩に溢れ　気分は華やぐ
通りには　市場がいっぱい
常に交通も　激しい
聖なるウシが　優雅に座り
癒しをたたえて　見つめている

トマト、タマネギ、花や果物
歩道に溢れる　赤や緑
どの市場も　一日中
はつらつとした　活気に満ちて

向こうには　年老いた仕立屋が
やせて　腰を曲げている
目には　ぶ厚く古めかしい
メガネが　しゃんと鎮座する
僕と親しい　物乞いが
そこにいるのに　目を止めた
仕立屋の　軒下で
一日　物乞いをするだろう

詩　7

思考の木

夜かもしれないし
昼間かもしれない
僕には決めかねる
なぜって陽の暖かさを感じない
僕は思考の木
思考を与えてくれたかの声
鮮やかに蘇る
この思考をそなたに与えよう
そなたは唯一の種となろう
これまで誰も知らないような
そして思考の木と名づけよう
見ることも喋ることもできないが

想像することはできる
望むことも期待することもできる
痛みを感じられるが泣くことはできない
ただそこにいて痛みが去るのを待つだけ
待つより他に手だては無い
僕の関心と疑問は
奥底のどこかにはまり込む
根かもしれない
樹皮かもしれない
思考をくれたかの人が再びここに現れたら
視覚の贈り物について尋ねよう
現れないかもしれないが
期待もしている
来るかもしれないし
来ないかもしれない

詩　8

どこなのかは誰も知らない
幸せが住む処
そこは楽園
ところがある日
どこにもない処から悲しみがやってきた
いなくなってほしいと
幸せが悲しみに頼み
悲しみはどこにもない処へ帰った
その日からヒトの心に
優しい憐れみが宿り
そこに居すわる何者もけっして拒否しない
だからあなたが痛みを感じるなら
それは思考を失ったがゆえのもの
誰かの目に浮かぶ涙で心がうずくなら
その人を受け入れ助けたいと願うなら
間違いなくあなたは
心の中に悲しみを秘めている

詩　9

全国自閉症協会に
僕は招待され
複数の専門医に診てもらう
インド航空で向かう
なんて楽しい
こんな経験初めて
飛行機に乗るなんて
間違いなく僕はここにいる
ワクワクの休日

詩　10

ロンドン塔
死のごとく強い
最期の息がこだまする
法の裁きを受けた
かすかな息が僕には見えた
そこにはビッグベンもあり
大時計が時を告げる
そしてチャーチル
チャーチルが立っている
肌寒い中で
ステッキに身を預け
哀れなステッキは壊れない
せわしなくゆき過ぎる人たち
皆忙しそうだ

親しげで善良そうな人たち
曇った空の下で
誠実なありのままの姿で
女王陛下に拝謁することはないが
その宮殿は墓の規律正しさを保ち
はるか昔から立っている
赤いバスの中から僕は敬意を表する

詩　11

僕らは列車でブライトンに
その途中で
なんと幸運にも
雪を見た
真っ白な雪
輝いている
日の光を浴びて
けれど旅はまもなく終わり
ブライトンに到着
海は冷たく
冷えた白い日が射している
けれど喜びは熱いまま
活気あるブライトン桟橋が
楽しいショーを見せる

鮮やかな色と仕掛けに
目はすっかり釘付け
雪のことなど忘れ
フィッシュ&チップスと
英国紳士の誇りに興じる
だが時は過ぎる
僕の意に反して過ぎてゆく
日は西に傾き
胸いっぱいの想いをかかえて僕らは帰る
思い出が色あせないように

訳者ごあいさつ

私は長い間子育て支援の仕事に携わり、自閉症の子どもや成人とも関わってきました。経験を重ねる中で、彼らが実際は豊かな内面を持ち、しかも私たちより達観している部分もあるなどが分かり、自閉症というものをかなり理解していると自負してきました。ところが初めて原著を読んだとき、そんな自分を疑いたくなるほど、大きな衝撃を受けました。というのも、感覚の受け取り方がこれほどまでに私たちと違うのかと驚かされる記述が随所に見られ、想像をはるかに超えたその違いの大きさに愕然としたからです。

原著には、この分野で高名なローナ・ウイング氏が序文を寄せていて、まさに私が感じた衝撃そのままに、これがいかに専門家にとって価値があり、かつてない魅力のある著作かということが書かれていました。ウイング氏は、高機能のアスペルガー症候群の成人なら驚きはしないが、典型的な自閉症で十一歳の少年が、自分のこれまでの人生を哲学的思考をもとに正確な文章で表現していること、そこにまず注目すべきだとしています。自閉症というと、かつて話題になった映画『レインマン』にも描かれていたように、出来事の一場面や時刻表などの数字を視覚的映像で一瞬にして記憶する能力で知られていますが、著者ティト（敬称略）にはそうした特異な能力とは違う意味で驚かされるのだと、ウイング氏は強調しているのです。当時本人と対面したときも、常に見られた自閉行動とは対照的に、文字盤を通して表現される言語は洗練されていて、実に見事だったということです。それは、彼が二歳半のときから母親ソマ氏（「ソマ・メソッド」創始者）が徹底的に教育した成果だとした上で、なおティトはごく幼い頃から数字や文字や形をマッチングできるという優れた認知能力の兆しが明らかだったからこそ、それが母親を大いに後押ししたのだと、あらためて彼の知力を評しています。そして、どのような技法であれ同じように徹底教育を受けたとしても、誰もがこうした結果に至るとは思えないと釘をさしています。最後に、自閉症の本質を理解したい人には最適な書であり、この分野で多くの業績を残した専門家にとっても、なおいっそうの疑問と驚きと知的好奇心を呼び起こされるだろうと、結んでありました。

さらに加えて私は、示唆に富んだ内容であるにもかかわらず、あくまでも本人の体験談として綴られているところに、ティトの持っている人間的な資質とでもいうべきものを感じました。全体を通してかなり客観的に自分を見ていて、提言したい意見はありながらも、すべて個人的体験なので自閉症全員に共通かどうかは分からないと、分をわきまえた言い方をしています。ことに前半部分を書き上げたのは八歳頃なのですが、幼い子どもが自分に起こった出来事をこれほどまでに俯瞰できるのかと驚かされます。たとえば自分のことを指すにも、その時々によって語句を使い分け、現時点の自分は「僕」を主語に用いていますが、幼い頃の体験を思い出して書くときは「彼」を、その場での人間関係を客観視している場合は「その子」「幼い子」などを主語として使っているのです。また、物事の感じ方や行動について、ときにはユーモアさえまじえて語っています。ユーモアを込めた物言いなど、健常な大人でも、誰もが思いつくわけではないでしょう。そう考えると、認知能力の問題だけとは思えず、人間としてのティトの資質が為せるものという気がします。

そこでこの書は、専門家に限らず自閉症児者の家族や近しい人たちにとってもきっと役立つに違いない、ぜひ翻訳しようと思ったのですが、いざ着手してみると、並大抵の労ではありませんでした。というのも、ティトは何かの事象を目の前にしたとき、私とは感じ方が違い、そこから巡らす思考過程もまったく違うので、その意図や想いを解読するまでが一筋縄ではいきません。そのため、たとえば前述した自分を示す主語にしても、ここでは読者が戸惑わないよう「僕」と「（幼い）ボク」の二つの表記に絞ったものの、著者の独創性が損なわれたようで、まだ迷う気持ちも残っています。文章を読み易くすることとティトの独自性を生かすこととの間で、常に悩まされました。

また、ティトの本意にも添うだろうと思い、読み手には、まず専門的な知識云々ではなく、物語として読めるようにしたいと考えました。「大事なことを学びとろう」などと肩肘はらず、読み終わってみたら「自閉症ってこういうことか」と感じられるようにしたかったのです。そうは心がけるものの、多くの詩が登場するため、自分で韻文を創る経験などない私には、短い詩でさえ難儀しました。しかも詩とその周辺には、古典に出てくるような語句や表現も多用され、とても子どもとは思えない知識の幅広さがうかがえます。そんな著者の姿を反映するには、詩の中はもちろんのこと、本文でも古い言い回しをしたいのですが、読者にとっては意味がつかみにくくなります。著者のありようと読み易さ、どちらを大事にするか最後まで迷いました。簡単には進まない中、「この本を多くの人に知ってもらいたい」という思いを励みに続けることができました。

和訳するにあたっては、国語の教材作りを生業としている妹の力も借りました。エスコアールの鈴木敏子氏にはいろいろ尽力いただきましたが、特に原著が出てから年月が経っていたため苦労をおかけしました。何より明らかにしたいのは、著者ティトとソマ氏への謝意です。これまでまったく縁のなかった私の突然の申し出に、すぐにご快諾の返信をくださいました。心より感謝しています。その節は、「ソマ・メソッド」を日本に紹介された鈴木麻子氏にもお手数をかけました。この場を借りてお礼申し上げます。

そもそも、後期高齢者と呼ばれる年齢を迎えようというのに本を翻訳するなどと思い立ったのも、常に「停滞ではなく前進」という、著者ティトの並々ならぬ意欲の影響かもしれません。つくづく、この書に出会えたことに感謝するばかりです。

独自の感受性と卓越した思考力に溢れるティト、この本を通して、その魅力に触れていただけたら幸いです。

石田　遊子

訳者略歴

千葉大学教育学部卒業。障害児通園施設「つくも幼児教室」主任指導員、白梅学園短期大学専攻科講師、「遊子教室」主宰、「日本抱っこ法協会」会長を経て、現在は「さぽーと優&遊」の活動の他、後進の育成を中心として、『抱っこ法』の普及・研究に努めている。

著書

「抱っこ法との歩み『こんなときどうする?』の軌跡」 日本抱っこ法協会 二〇一九年

「よくわかる 自己表現にハンディのある子どもの心のケア」(注1) 大揚社 二〇〇八年

「母乳と育児と心のケア—大切なことは赤ちゃんが教えてくれる」(注2) メディカ出版 二〇一二年

他、多数

訳書

「抱く子は育つ」 マーサ・G・ウェルチ著 学苑社 一九九二年

注1 共著:さぽーと優&遊 名義

注2 共著:子育てを一から見直すプロジェクト 名義

本書は以下の書籍を著者の許諾を得て翻訳したものです。

Tito Rajarshi Mukhopadhyay.

Beyond the Silence : My Life, the World and Autism.

National Autistic Society, 2000.

声なき声で語る

ボクが過ごした日々、その世界と自閉症

2024年 9月 30日　初版第 1 刷　発行

著　者　ティト・ラジャルシ・ムコパディアイ

訳　者　石田遊子

発行者　鈴木峰貴

発行所　株式会社エスコアール

千葉県木更津市畑沢 2-36-3

電話　0438-30-3090　FAX　0438-30-3091

URL　https://escor.co.jp

印刷所　株式会社明正社

 ISBN978-4-909375-14-8